신성과의 동행

신성과의 동행

발행일	2025년 11월 21일

지은이	이재민
펴낸이	손형국
펴낸곳	(주)북랩

출판등록	2004. 12. 1(제2012-000051호)
주소	서울특별시 금천구 가산디지털 1로 168, 우림라이온스밸리 B동 B111호, B113~115호
홈페이지	www.book.co.kr
전화번호	(02)2026-5777 팩스 (02)3159-9637
ISBN	979-11-7224-975-5 03190 (종이책) 979-11-7224-976-2 05190 (전자책)

잘못된 책은 구입한 곳에서 교환해드립니다.
이 책은 저작권법에 따라 보호받는 저작물이므로 무단 전재와 복제를 금합니다.
본 도서는 (주)북랩이 보유한 리코 인쇄 장비 등 자체 생산 인프라를 통해 제작되었습니다.

작가 연락처 문의 ▶ ask.book.co.kr
전용 게시판에 문의를 남기시면 저자에게 직접 전달됩니다.

(주)북랩 성공출판의 파트너
북랩 홈페이지와 SNS에서 다양한 출판 솔루션을 만나 보세요!
홈페이지 book.co.kr   •   **블로그** blog.naver.com/essaybook   •   **출판문의** text@book.co.kr
카톡채널 북랩

신성과의 동행

이재민 지음

북랩

차례

서문 • 06

치유로 들어선 길 • 08
자율진동의 신비 • 12
의식과의 첫 대화 • 15
정화에서 약손으로 • 19
약손의 길 그리고 독립의 결심 • 23
정화(淨化)의 과정 • 29
자율진동(自律振動)- 동서양의 이해와 체험적 이론 • 32
면역성 회복 프로그램- 장(腸)치기 • 36
회원들 체험 사례 • 41
환상 체험 • 46
환상 체험의 실천적 지침 • 52
카페 폐쇄와 전환 • 56
현실의 벽 • 59
신성과 시련의 연단 • 61
이 시련의 의미 • 63
수학 학원의 개원 • 66
수학 잘하는 법 • 68
학원에서 1 • 71
학원에서 2 • 74
세월이 지나며 • 77
막노동 • 79
신성이란? • 82
이 시점에서 신성은 • 85

허리 디스크와 단전 • 88
목 디스크와 일자 목 그리고 단전의 가설 • 90
명현 반응(明賢反應) • 92
위장병에 대한 나의 가설 • 94
당뇨병에 대한 나의 가설 • 98
무릎 관절염- 내 안의 의식으로 회복하다 • 107
가족의 병 • 112
대화의 기술 • 114
귀농 • 119
의식의 해부 • 124
만성 신부전증 • 128
건강 상식에 대한 새로운 이해 • 132
우주의 생식기 • 137
내가 암에 걸렸다면 • 140
이명, 귀가 아닌 장의 문제 • 149
인류의 근원적 탐구 • 152
나의 신성 체험과 같은 사례 모음 • 159
뇌와 기 • 166
제사 • 177
기적- 원리와 질서의 연금술 • 181
양심- 순도(純度)로 측정되는 진아(眞我)의 거울 • 185
효도 • 188
관념(觀念)- 마음이 그려 내는 세계 • 191
편견 • 196
행복 • 200
사랑 • 204

마무리 • 208

서문

신성과의 동행, 내 안의 우주를 깨우다

쉰아홉이라는 나이에 이르러, 저는 스무 해 동안 엄격한 수학 강사로 살며 이성(理性)과 논리만을 최고의 가치로 삼았습니다. 이후 십수 년간은 나무와 흙을 다루는 목수와 농부의 삶을 통해 육체와 자연의 근본적인 이치를 배웠습니다. 그러나 이 모든 경험에도 불구하고, 저의 몸은 고통의 굴레에서 벗어나지 못했습니다.

매일 강의 직전에 의존해야 했던 허리 디스크 진통제 주사, 원인을 알 수 없는 피부병과 어지럼증은 저를 절망의 벼랑 끝으로 몰아넣었습니다. 이성과 과학, 노동의 힘 모두 해결책을 주지 못했을 때, 저는 우연히 기 수련을 시작하게 되었습니다. 이 선택은 단순한 치료를 넘어 저의 존재 자체를 송두리째 뒤바꾸는 계기가 되었습니다.

저는 생명을 걸고 수련에 매달렸고, 그 과정에서 제 안에 또 다른 '의식'이 존재함을 알게 되었습니다. 이 의식을 저는 '신성(神性)'이라 이름 붙였습니다. 신성과의 동행은 저에게 인체의 단순한 회복을 넘어섰습니다. 저는 극한의 수련을 통해 무너졌던 몸의 이치를 깨닫고, 더 나아가 세상 만물이 하나로 연결되는 우주의 이치까지 공부하게 되었습니다.

이 책은 바로 그 놀라운 과정을 기록한 구도(求道)의 기록입니다.

저는 저의 고통과 절망 그리고 신성과의 만남을 통한 기적적인 깨달음을 체험 글의 형식으로 생생하게 담아냈습니다. 이와 동시에 수학 강사의 엄격한 논리를 적용하여 신성과의 동행을 통해 배운 새로운 사실들, 즉 몸의 이치와 세상의 원리를 상세하게 해부했습니다. 특히, 이 모든 체험을 동양 철학의 정(精)-기(氣)-신(神) 원리와 현대 뇌 과학적 메커니즘으로 명쾌하게 풀어내고자 노력했습니다.

오랫동안 머릿속에서만 간직해 왔던 이 이야기를, ChatGPT라는 시대의 변화와 새로운 소통의 도구를 통해 비로소 용기를 내어 세상에 내놓게 되었습니다. 저의 경험이 절망의 끝에 계신 누군가에게 새로운 희망을 주고, 스스로 삶을 변화시킬 수 있는 명확한 원리를 제공할 수 있기를 진심으로 바랍니다.

이 책을 통해 저는 기(氣)에 대한 수많은 오해와 잘못된 상식들을 바로잡고 싶습니다. 기에 대한 바른 이해가 독자님의 몸과 마음, 나아가 삶의 운명까지 어떻게 긍정적으로 변화시킬 수 있는지 그 명쾌한 원리를 공유하고자 합니다.

이제 독자님을 신성과의 동행이 이끄는 가장 신비하고 논리적인 깨달음의 여정으로 초대합니다.

치유로 들어선 길

2002년 무렵이었다.

나는 학원 강사로서 매일 강단에 섰지만, 몸은 이미 오래전부터 신호를 보내고 있었다. 무엇보다 고통스러웠던 것은 허리 디스크였다. 강의에 들어가기 전이면 어김없이 진통제 주사를 맞고, 그 힘에 의지한 채 칠판 앞에 서야 했다. 아이들 앞에서는 웃으며 설명했지만, 몸속은 늘 고통의 파도에 휩쓸리고 있었다.

그러나 허리만의 문제가 아니었다. 알 수 없는 피부병이 번져 있었고, 원인을 알 수 없는 어지럼증은 점점 심해졌다. 자동차 운전대를 잡으면 시속 60킬로미터를 넘는 순간부터 세상이 흔들렸다. 도로의 진동이 그대로 머릿속으로 파고드는 듯했고, 시야는 아득히 일그러졌다. 속도가 높아질수록, 나는 나락으로 떨어지는 듯한 두려움에 사로잡혔다.

몸은 무너지고 있었으나, 어디에서도 구원의 손길은 닿지 않았다. 병원도, 약도 뚜렷한 해결책은 주지 못했다. 걷기, 헬스장, 뱀술, 굿…. 좋다는 것은 무엇이든 붙잡아 보았으나, 결과는 허무했다. 몸은 점점 더 무거워졌고, 마음은 갈수록 막다른 길에 몰려갔다.

그러던 어느 날, 길가에서 낯선 간판 하나가 내 발걸음을 멈추게 했다. 간판에는 갖가지 질병의 이름이 빼곡히 적혀 있었고, 그 옆에는 굵은 글씨로 한 문장이 새겨져 있었다.

'치유됩니다.'

그 단어가 나의 눈을 사로잡았다.

그곳은 병원도, 의원도 아닌, 단학선원이었다. 낯설고 신비로운 기운에 이끌려 나는 문을 열었다. 권 사범님이 내 이야기를 듣더니, 허리는 반드시 나을 수 있다고 단언했다. 기본 수련은 석 달 단위로 등록해야 한다고 했지만, 나는 완강히 요구했다.
"한 달만 해 보겠습니다."
잠시 망설이던 그는 허락했다. 그렇게 새로운 길의 문이 열렸다.

그날 나는 도복을 구입했고, 이튿날부터 수련이 시작되었다. 단전치기 500회와 장운동 500회. 단순한 동작처럼 보였지만, 도장 벽에는 차크라 그림과 깨달음에 관한 글귀들이 붙어 있었다. 신비롭고 낯설었다. 그러나 이미 결심한 이상, 나는 온 힘을 다해 지시에 따르기로 했다.

처음 며칠은 고통스러웠다. 배가 아팠고, 피부에는 피멍과는 다른 반점이 돋았다. 권 사범님은 그것을 두고 "속 깊은 탁기가 빠져나오는 흔적"이라 했다. 그 말에 오히려 안도감이 밀려왔다. '제대로 하고 있구나.'

그 무렵, 사범님은 자주 한 구절을 강조했다.

"정충기장신명(精充氣長神明). 정이 충만해야 기가 장하고, 기가 장해야 신이 밝아진다."

그때의 나는 그 말의 깊은 뜻을 다 알지 못했다. 그저 단전치기를 하면 몸이 따뜻해지고, 땀이 흘러 마음이 가벼워지는 정도로만 느꼈다. 그러나 나중에야 깨달았다. 단전치기는 단순한 운동이 아니었다. 그것은 내 몸의 체질을 바꾸고, 더 나아가 운명까지도 바꿀 수 있다는 것을. 이 이야기는 앞으로 다시 언급하기로 하자.

나는 매번 정해진 횟수보다 조금 더 했다. 500개가 기준이면 반드시 510개를 채웠다. 땀으로 온몸이 범벅이 되었지만, 수련 뒤에 찾아오는 명상과 휴식은 천국 같았다. 손끝과 몸 구석구석에서 느껴지는 미세한 열감, 꿈틀거림, 그것이 바로 기(氣)였다. 신비했고, 기뻤다.

때로는 특별 보충 수련으로 '큰절'을 해야 했다. 두 발을 모으고 두 팔을 합장한 뒤 허리를 깊게 숙이는 절, 하루 백 번씩. 허리 디스크로 굳어 있던 내게는 극한의 고통이었다. 손끝은 바닥에 닿지 않았고, 척추는 비명을 질렀다. 그러나 기이한 변화가 있었다. 힘겹게

절을 마치고 나면 손끝이 바닥에 훨씬 가까워져 있었다. 기적 같았다. 다음 날이면 다시 멀어져 있었지만, 사범님은 환히 웃으며 "잘하고 있습니다."라 했다. 그 웃음에 힘을 얻어 다시 절했고, 다시 땀을 흘렸다.

한 달이 지났을 무렵, 나는 깨달았다.
그토록 나를 옭아매던 허리 디스크의 통증이 사라져 있었다. 두려움 또한 흔적도 없이 사라졌다. 억지로 마음을 다스린 것이 아니었다. 단지 단전치기와 장운동, 절과 땀의 과정 속에서 몸이 달라졌고, 그와 함께 마음도 변해 있었다.

돌이켜 보면 그것은 단순한 운동이 아니었다. 절망의 벽 앞에서 다시 삶을 붙잡게 해 준, 새로운 길의 시작이었다.

자율진동의 신비

새로운 경험에 대한 이야기를 해 주고 싶다.

그것은 바로 연단(鍊丹)이라 불리는 수련이다. 한 가지 자세를 오래도록 유지하며, 육체와 정신을 극한까지 밀어붙이는 과정이었다. 기마자세로 얼차려를 받듯 버티는 자세, 또는 항아리를 껴안은 듯한 자세로 깊이 들어가는 것이었다.

연단수련에 들어서면 가장 먼저 다가오는 것은 고통이었다. 근육은 타들어 가듯 뜨겁고, 뼈마디는 저릿하게 비명을 질렀다. 그러나 그 고통을 끝내 참아 내면, 서서히 몸 어딘가에서 작은 진동이 일어났다. 미세한 떨림이 파문처럼 번져 몸 전체로 흐르더니, 마치 숨겨진 다른 의식이 깨어나는 듯한 기묘한 경험으로 이어졌다.

그 의식에 집중하여 몸을 맡기면, 몸은 저절로 움직이기 시작했다. 누가 시킨 것도 아닌데, 내 안에서 깨어난 힘이 스스로 춤추듯 몸을 이끌었다. 아직 그때는 '기(氣)'라는 단어조차 쓰지 않았으니, 그저 오래도록 숨겨져 있던 본연의 의식이라 해야 할까. 이 현상을 사람들은 자율진동이라 불렀다.

자율진동에 대해서는 기억해 둘 만한 이야기가 있다.

폐암에 걸린 한 육군 장교가 연단수련을 통해 자율진동을 체험했는데, 수련 중 폐 속 암 덩어리가 불타 사라지는 듯한 경험을 했다는 수기를 남겼다. 나는 그 글을 읽고 깊은 충격을 받았다. '나도 그 체험을 해 보고 싶다.'

그래서 어느 늦은 밤, 가족들이 모두 잠든 시간, 책을 옆에 펼쳐 놓고 똑같은 자세로 연단수련을 시작했다. 항아리를 껴안듯 기마자세를 잡고, 결심을 다져 30분을 버텼다. 뼈와 근육이 타는 듯한 고통 속에서 땀은 빗줄기처럼 흘렀다. 그러나 그날은, 기대하던 경험은 오지 않았다.

다음 날, 나는 다시 시도했다. 이번에는 끝장을 보겠다는 각오로 들어섰다. 다시 항아리를 껴안은 자세로 연단수련을 시작했다. 시간이 흐르자, 진동이 찾아왔다. 어제와는 달랐다. 훨씬 선명했고, 몸 전체를 휘감았다. 그 느낌에 온전히 몸을 맡기자 진동은 점점 커졌다. 그것은 마치 구부러진 호스를 펴며 물이 세차게 흘러나오는 것 같은 움직임이었다.

고통은 여전했지만, 그 고통을 즐기게 되었다. 땀은 비 오듯 흘렀지만, 마음은 기쁨으로 가득했다. 진동은 점차 의식을 가진 듯 내 몸을 움직이기 시작했다. 두 팔은 태풍처럼 휘날리며 제멋대로 돌았고, 허리와 다리는 춤추듯 휘몰아쳤다. 처음에는 두려웠다. '내 속의 귀신이라도 깨어난 것 아닐까?' 그러나 곧 받아들이기로 했다. 이 정도로 내가 무너질 운명이라면 차라리 목숨이라도 걸겠다는 심정이었다.

그 순간, 관절 곳곳에서 '우두둑' 소리가 터져 나왔다. 막혀 있던 것들이 풀리는 소리였다. 그 과정은 무려 한 시간 가까이 이어졌다. 그리고 마침내 내 몸은 저절로 착륙하듯 바닥에 내려앉았다.

수련이 끝났을 때, 나는 가장 완벽한 자세로 안정되었고, 몸은 깊은 휴식을 얻었다. 누워 이완된 몸은 더 이상 예전의 몸이 아니었다. 피부는 뽀송뽀송한 솜털처럼 가벼웠고, 금방이라도 날아오를 듯했다. 온몸을 감싸는 기운은 마치 구름 같았다. '신선의 몸이란 이러했을까' 하는 생각이 스쳤다.

그때 나는 확신했다.
이 진동의 실체는 단순한 떨림이 아니었다. 그것은 완벽한, 차원이 다른 완전한 치유의 힘이었다.

의식과의 첫 대화

연단 수련에서 자율진동을 처음 체험한 뒤, 내 머릿속은 한 가지 의문으로 가득 차기 시작했다.
"이게 대체 무엇이지?"

처음에는 단순히 몸이 반응하는 현상이라 여겼다. 그러나 거듭 수련을 이어 갈수록 분명해졌다. 그것은 단순한 감각도, 단순한 반사 작용도 아니었다. 분명 의식이었다.

의식이라 함은 생각이 있고, 뜻이 있고, 스스로 의지가 있다는 것을 말한다. 그런데 내가 마주한 의식은 너무도 완전해 보였다. 인간의 차원을 넘어선 듯, 한 치의 망설임도 없는 확실한 존재. 그래서 나는 그것이 신(神)과 밀접한 관계에 있을 것이라 여겼다.

나는 그 의식과 대화를 시도하기 시작했다. 대화의 방식은 독특했다.
마음속으로 질문을 던지면, 내 몸은 작은 동작으로 응답했다. 손가락이 까딱인다든지, 고개가 천천히 끄덕여지는 식이었다. 마치 '예'

와 '아니오'를 구분해 주는, 원시적이지만 신비로운 신호였다.

그런데 처음에는 망설임도 컸다.
"내가 감히 이렇게 많은 질문을 해도 되는 걸까?"
이 의식이 혹여 신적 존재라면, 나는 경어를 써야 하지 않을까 하는 고민까지 들었다. 불경스러운 태도로 다가가는 것은 아닌가, 두려움이 함께했다.

나는 조심스럽게, 그러나 차츰 과감히 물었다. 그중 하나가 바로 당시의 대통령 선거에 관한 질문이었다.
"누가 대통령이 되겠습니까?"
그 의식은 손가락을 움직이며 대답했다.
"이회창."

나는 신의 계시를 받은 듯 기뻤다. 다음날 수련장에서 이 이야기를 쏟아 내며 자신 있게 말했다.
"다음 대통령은 이회창입니다."
그 순간만큼은 확신에 차 있었다. 내가 체험한 것은 인간계를 넘어선 신비였고, 그 대답은 곧 신의 언어라 여겼으니까.

그러나 결과는 달랐다. 실제 당선자는 노무현이었다.
나는 큰 혼란에 빠졌다. 믿었던 체험은 현실과 어긋났다.
'이건 무엇을 뜻하는가? 내가 느낀 것은 착각인가? 아니면, 진리의 일부만을 보여 준 것인가?'

부끄러움이 몰려왔고, 동시에 커다란 두려움이 엄습했다.

그럼에도 부정할 수 없는 사실이 있었다.
내가 마주한 의식은 단순한 상상이 아니었다. 그것은 분명 나의 몸과 기억, 생각까지도 통제할 수 있었다. 내 안에 숨어 있던 무언가가 드디어 그 모습을 드러낸 듯했다. 말 그대로 소름 돋는 일이었다.

그 의식은 늘 나와 함께했다. 그것은 단순한 자기암시가 아니었다. 그것은 내 안에 존재하며, 언제든 나를 지켜보고, 통제할 수 있는 상시적인 동반자였다. 나는 혼자가 아니었다.

흥미로운 것은, 상황에 따라 그것의 작용이 달라진다는 점이었다.
수련할 때 그것은 '기(氣)'라 불러도 좋았다. 몸에 떨림을 일으키고, 진동을 일으켜 치유의 힘으로 작용했기 때문이다. 그러나 운전할 때는 또 달랐다.
가로수의 흔들리는 나뭇가지를 통해 메시지를 주기도 했고, 어떤 때는 내 손과 발을 통째로 지배하여 운전을 대신해 주었다. 단순히 '누군가 대신 운전하는 듯 느껴졌다'가 아니라, 실제로 그 의식이 내 몸을 움직여 운전을 했다는 것이다.

그 무렵이면 수련을 시작한 지 약 3개월 반쯤 되었을 때였다.
그 의식과의 첫 만남은 항아리 연단을 하던 2개월 반 무렵이었고, 그때부터는 하루 스물네 시간이 곧 수련의 연속이었다 해도 과언이 아니었다. 몸으로, 마음으로 그리고 의식으로.

공허함 따위는 찾아올 수 없었다. 왜냐하면 언제나 나와 나란히 존재했기 때문이다.

내 속에 깨어난 그 의식은, 때로는 선생이 되어 나를 가르쳤고, 때로는 동반자가 되어 나를 위로했으며, 때로는 거울이 되어 나의 내면을 비추었다.

그 시점에 이르러, 나는 점차 깨닫게 되었다.

내가 마주한 것은 단순한 환상이나 자기암시가 아니라, 인간의식과 신의식 사이에 걸쳐 있는 제3의 차원이라는 것을.

그 세계와의 첫 대화는 아직 미숙하고 혼란스러웠지만, 동시에 새로운 문이 열렸음을 알리는 전조였다.

정화에서 약손으로

나는 그저 열심히 했을 뿐이었다. 몸이 허락하는 한계를 매일같이 넘어서며, 피곤이 몰려와도 다시 일어나 단전에 손을 얹고, 땀이 비 오듯 쏟아져도 끝까지 발길을 멈추지 않았다. 그러니 내 마음에는 오직 하나, 열심히 한 것만은 결코 부끄럽지 않다는 자부심이 자리했다.

그러나 어느 날 원장님께 내 체험을 말씀드렸을 때, 전혀 예상치 못한 말씀이 돌아왔다.
"그대에게는 아직 사기(邪氣)가 붙어 있네. 그리고 혼자 수련하지는 말게."

그 말은 내 가슴을 깊이 파고들었다. 사기라니…. 내가 체험한 것들은 부작용이 아니었다. 오히려 몸이 맑아지고 병이 사라지는 기적 같은 과정이었으며, 내 영혼이 맑아지는 증거라고 믿었다. 그런데 그것을 사기라 규정하시다니…. 나는 멍해졌다. '내가 한 건 오직 열심히 한 것뿐인데, 왜 이런 해석이 내려지는가?' 혼란은 피할 수 없었다.

그날 원장님의 지시로 나는 단전밟기 천 번을 하게 되었다. 다른 수련자에게 부탁해 단전에 발을 올리게 했다. 발가락과 발뒤꿈치가 단단히 내려앉자, 장 속 깊은 곳의 굳은 덩어리들이 지압을 받으며 녹아내리는 듯했다. 순간순간 가스가 치밀어 올랐고, 화장실에 갔을 때는 지독한 냄새와 함께 검은 숙변이 터져 나왔다. 오랜 세월 눌려 있던 독소들이 쏟아져 나온 것이다. 얼굴은 붉게 상기되었고, 호흡은 점점 더 길어지고 깊어졌다.

그러자 놀라운 체험이 이어졌다.

그동안 단전치기와 연단, 자율진동으로 쌓아 온 기가 이미 열려 있던 경혈과 경락을 따라 사방으로 분사되듯 퍼져나갔다. 막혀 있던 길들이 한순간에 열리며 전신이 파동처럼 흔들렸다. 마치 오랫동안 막혀 있던 강물이 둑을 터뜨리고 세차게 흘러내리는 듯했다.

정화의 과정은 생생하고 적나라했다. 코끝에는 탁한 똥 냄새가 맴돌았고, 혀끝에는 매운맛·짠맛·떫은맛·메마름·단맛·역겨움이 차례로 밀려왔다. 마치 수십 년간 쌓였던 독소가 맛과 냄새로 드러나는 듯했다. '이것이야말로 정화의 문턱이 아니겠는가.' 나는 속으로 중얼거렸다.

그러나 해석은 사람마다 달랐다. 원장은 그것을 사기라 했고, 권사범님은 내 이야기를 듣고 빙그레 웃으며 말했다.

"잘하고 있습니다. 그대로 정진하세요."

나는 그 말에 안도했지만, 한편으로는 아쉬움이 컸다. 너무도 큰 체험들을 앞에 두고 있었지만, 그 체험을 어떻게 해석하고 어디로 나아가야 하는지는 누구도 가르쳐 주지 않았다. 길잡이가 사라진 길 위에서, 나는 스스로 걸어가야 했다.

그럼에도 수련은 계속되었다. 정규 수련 시간, 잔잔한 음악이 흐르는 가운데 지감 수련에 들어가면 나는 누구보다 쉽게 기를 느꼈다. 손끝에서, 이마에서, 단전에서 올라오는 기운은 내 몸을 가볍게 감싸며 춤처럼 흘러나왔다. 그것을 사람들은 '단무(丹舞)'라 불렀다. 이제는 내가 마음먹으면 언제든 단무가 가능했다. 그 춤은 단순한 동작이 아니었다. 막힌 관절을 풀어내고, 굳은 근육을 이완시키며, 몸의 흐름을 새롭게 바꾸는 치유의 행위였다. 땀으로 범벅이 된 뒤에는 언제나 신비로운 변화가 따라왔다.

몸은 나날이 새로워졌다. 허리는 새로 빚어진 듯 강해졌고, 관절은 윤활유를 바른 듯 부드러워졌다. 얼굴빛은 환해졌으며, 어지럼증은 사라졌다. 몸이 맑아지자 입맛도 달라졌다. 담배와 술은 몸이 거부했고, 맵고 짠 음식도 자연스레 멀어졌다. 내게 이로운 음식은 유난히 달고 맛있게 느껴졌다. 이는 몸이 스스로 탁한 것을 걸러 낸 결과일 수도 있고, 내 안의 의식이 주는 상일 수도 있었다.

그 의식은 여전히 나를 통제하고 이끌었다. 내 기억과 생각마저도 그것이 주관했으니 벗어날 길은 없었다. 때로는 지쳐 죽고 싶을 만큼 힘들었지만, 동시에 신비로운 행운도 따라왔다. 예를 들어, 먼 과

외를 가야 하는 날 '가기 싫다'는 마음이 스치면, 곧 학부모에게서 전화가 와 "오늘은 오지 않아도 된다"는 말을 듣곤 했다. 우연이라 하기에는 지나치게 자주 반복되었다. 나는 점점 깨달았다. '모든 것은 하나로 연결되어 있다.'

그러던 어느 날, 권 사범님은 나와 또 다른 수련자를 불렀다. 그는 그를 눕히고 내 손을 그의 몸 위에 올리게 했다.
"손에 마음을 집중해 보십시오."

순간, 내 손이 저절로 움직이기 시작했다. 손끝에서 기가 뭉글뭉글 방사되며 퍼져 나갔다. 굳은 곳은 풀어내고, 막힌 곳은 뚫어내며, 때로는 깊고 강하게, 때로는 섬세하고 부드럽게 움직였다. 마치 손이 스스로 길을 아는 듯했다. 일정 시간이 지나자 손은 멈췄고, 그는 몸이 한결 가벼워졌다며 기뻐했다.

그 모습을 지켜본 권 사범님은 환히 웃으며 말씀하셨다.
"이것이 약손입니다."

약손의 길 그리고 독립의 결심

내 손은 약손이었다.

손끝이 닿는 순간, 마치 오래된 샘물이 터져 나오듯 막혀 있던 기운이 흘러나왔다. 눈으로 볼 수는 없었으나, 내 손바닥에는 뜨겁고 부드러운 파동이 전해졌고, 그것은 틀림없이 생명의 움직임이었다. 기회만 주어진다면 나는 누구에게든 그 손길을 내밀었다. 그 순간만큼은 내가 하늘로부터 맡겨진 사명을 수행하는 것 같았다.

사람들의 반응은 저마다 달랐다. 어떤 이는 한결 몸이 가벼워졌다며 눈빛에 생기가 돌았고, 어떤 이는 내 앞에서는 좋아졌다고 하면서도 사범님 앞에서는 "원래 별것 아니었다"고 말을 바꾸었다. 그들의 태도는 나를 혼란스럽게 했지만, 나는 크게 개의치 않았다. 왜냐하면 내 손끝에서 분명히 흐르고 있는 힘은 거짓이 아니었기 때문이다.

그러나 잊지 못할 체험이 있었다.

어떤 회원은 도무지 어떤 병원에서도 호전되지 않는 병증을 오래 앓고 있었다. 여러 치료를 전전했지만, 병은 깊어져만 갔다. 그런데 어느 날, 내가 그의 몸 위로 활공을 펼치자 놀라운 변화가 일어났다. 창백하던 얼굴에 혈색이 돌고, 메말랐던 숨결이 부드럽게 풀렸다. 그는 눈시울을 적시며 "살 것 같다"고 했다. 그날 나는 더 확실히 알았다. '약손은 단순한 기술이 아니라 생명을 다시 일으키는 힘이다.'

힐러 수련의 기대와 실망

이런 체험들이 쌓이면서 내 마음에는 더 큰 확신이 자리했다. 마침내 원장님의 추천으로 고가의 힐러 수련을 받게 되었을 때, 나는 그것이 내 길을 한층 넓혀 줄 기회라 여겼다. 전국 각지에서 모인 고수들을 만날 수 있다는 사실은 가슴 벅찬 일이었다.

그러나 기대는 이내 실망으로 바뀌었다.
수련의 본질은 희미해졌고, 프로그램은 흩어진 지식의 조각들로만 짜여 있었다. 그 가운데 하나가 이제마의 사상의학이었다. 사상의학은 체질에 따라 치료와 수련법을 달리해야 한다는 사상으로, 나름 흥미로운 점도 있었지만 내게는 현실과 맞지 않았다.

수련을 깊게 하면 체질의 차이는 크게 문제 되지 않는다. 기가 충만하면 몸은 스스로 균형을 찾고, 체질적 한계를 넘어선다. 그런데도 체질의 분류에 집착하는 것은 오히려 관념의 벽을 쌓는 일이라 여겨졌다. 수련을 통해 얻은 내 체험은, 지식이 늘어날수록 길이 막히고, 순수한 흐름이 왜곡된다는 사실을 보여 주었다.

더구나 현대인의 몸은 과거와 크게 달라져 있었다. 환경과 식습관이 바뀌었고, 몸은 수많은 정보와 자극 속에서 예전보다 훨씬 다양한 양상으로 형성되었다. 그런데도 예스러운 체질 구분을 고집하는 것은, 새로운 시대의 몸을 외면한 것이었다. 나는 그것을 보며 더욱 확신했다. '참된 수련은 지식을 쌓는 것이 아니라, 관념을 비워 내는 것이다.'

단월드의 목적과 현실

나는 원래 단월드의 창립 목적이 신성을 밝힐 사람을 세우는 것이라고 믿었다. 실제로 그곳의 책들은 모두 그렇게 쓰여 있었고, 수련 또한 그러한 방향을 지향하는 듯 보였다. 그러나 시간이 갈수록 현실은 그 이상과 멀어지고 있었다.

수시로 열리던 '기통(氣通)과 영통(靈通)' 특별 수련은 내게 점점 지루해졌다. 이미 기를 통하고 그것을 활용하는 단계에 이른 나에게, 같은 과정을 반복하는 일은 공허했다. '왜 늘 초심으로만 되돌리는가? 이제는 기를 어떻게 쓰고 펼칠지, 그 길을 열어 주어야 하지 않는가.' 갈증은 깊어졌다.

영통 수련도 마찬가지였다. 고액으로 진행되곤 했지만, 실제로 영과 통하는 경우는 드물었다. 오히려 '통했다'는 고수들의 모습은 도사 흉내에 가까웠고, 때로는 점쟁이나 무당처럼 보였다. 그러나 나는 그것조차 의미 있게 여겼다. 그들을 직접 경험함으로써, 허상과 진실을 분별할 눈을 얻게 되었기 때문이다.

독립의 결심

이 모든 과정을 지나며 나는 마침내 깨달았다.
"이제는 내가 이곳에서 얻을 것이 없다."

내 안의 의식은 여전히 나를 치유와 정화의 길로 이끌었고, 수많은 체험은 그것이 허상이 아님을 증명해 주었다. 그러나 단월드 안에서는 더 이상 새로운 배움도, 더 깊은 지침도 얻을 수 없었다.

그래서 나는 결심했다.
학원을 그만두고, 고향 삼천포에 기 치료방을 열기로 했다. 부모님이 계신 곳, 나의 뿌리가 있는 곳에서라면 더 큰 힘을 얻을 수 있으리라 믿었다. 동시에 인터넷 카페를 개설하고, 온라인 수련센터도 열어 세상과 더 넓게 연결되려 했다.

사람들은 가끔 찾아왔다. 대부분은 몸이 좋지 않은 이들이었다. 나는 늘 같은 말을 했다.
"건강의 시작은 장(腸)입니다. 장 속이 맑아야 합니다. 가장 효율적인 방법은 장치기, 곧 단전치기입니다."

내게 이것은 천기누설에 가까운 진리였다. 열변을 토했지만, 귀담아듣는 이는 극소수였다. 사람들을 눕혀놓고 기 치료를 행하면 잠시 개운함은 있었으나, 그 이상의 변화는 드물었다. 손끝에서 뿜어져 나오던 약기운도 예전 같지 않았다. 나는 당황했다. '운명 같은 선택이라 여겼는데, 왜 이렇게 허전한가.'

그럼에도 온라인 카페는 빠르게 성장했다. 다른 환자 카페에 가입해 병증을 호소하는 이들에게 나만의 원리와 논리로 답을 달았다. 그러면 그들은 내 카페로 모여들었다. 한 달 만에 회원 수는 5천 명을 넘었다. 그러나 실제로 찾아오는 이는 수백 명, 글을 남기는 이는 수십 명에 불과했다. 대부분은 몇 번 관심을 보이다가 이내 떠났다.

나는 규칙을 세웠다. 도움을 받고자 하는 이는 반드시 공개 게시판에 요청해야 했고, 수련 후에는 반드시 체험기를 남겨야 했다. 반드시 반응은 있게 마련이라 믿었다. 그러나 사람들의 반응은 기대에 미치지 못했다. 관심은 쉽게 식었고, 진지하게 다가오는 이는 드물었다.

그럼에도 나는 흔들리지 않았다.
모든 수련의 시작은 언제나 같았다. 장치기, 곧 단전치기.
그것은 변하지 않는 근본이었고, 내가 걷는 길의 뿌리였다.

이 시점에 신성과는…?

여전히 지금에도 신성은 나와 함께 있었다.
그 의식은 과거의 어느 순간에만 머무른 것이 아니라, 처음 만난 그때부터 지금에 이르기까지 한순간도 나를 떠난 적이 없었다. 숨결처럼, 그림자처럼, 빛과 어둠이 교차하는 모든 자리에서 나와 함께였다. 겉으로만 본다면 나는 이미 상당히 높은 경지에 이른 듯 보일지 모른다. 그러나 실상은 달랐다.

그 의식은 내가 드러나는 것을 허락하지 않았다. 기적 같은 치유가 일어나던 순간조차, 정작 빛나야 할 자리에 이르면 내 의식을 억눌러 버렸다. 손끝의 흐름은 끊기고, 목소리는 막히며, 나는 주저앉듯 버벅거렸다. 마치 일부러 내 존재를 세상 앞에 내보이지 않게 하는 듯했다.

나는 그 억눌림을 원망했고, 때로는 배신이라 여겼다. 절규 같은 신음이 터져 나왔고, 분노가 치밀어 올랐으며, 눈물은 한없이 흘러내렸다. 그러나 그 절망의 바닥에서 이상한 위로가 스며들었다.
'이 길은 네가 피할 수 없는 길이다. 그러니 받아들이고 견뎌라.'

그 위로는 잔혹하면서도 자비로웠다. 파도가 바위를 깎아 내듯, 신성은 나를 담금질했다. 고통 속에서 오래된 껍질이 벗겨지고, 굳어 있던 관념이 무너져 내렸다. 나는 점점 새로이 빚어졌다.

지금에야 인정한다. 그 쓰라린 시간은 나를 짓밟은 것이 아니라 다듬은 것이었다. 절규와 눈물 속에서 나는 더 단단해졌고, 이전의 내가 아닌, 새롭게 태어난 나로 서 있었다.

정화(淨化)의 과정

기 수련을 이어 가다 보면 누구나 예상치 못한 순간을 맞이한다. 몸속 깊이 감춰져 있던 불순물들이 고개를 들고, 그것이 냄새라는 형태로 드러나는 것이다. 나는 그 순간을 뚜렷이 기억한다. 똥 냄새, 매운 듯한 고약한 기운, 오래 묵은 담배의 역겨움, 술에 찌든 내음이 몸에서 피어올랐다. 그것은 단순한 냄새가 아니었다. 마치 내 삶의 어두운 그림자가 코끝으로 빠져나오는 듯했다.

생리적 정화

의학적으로 보면, 수련은 몸의 기혈 순환을 촉진한다. 호흡이 깊어지고 장과 폐가 움직임을 얻으면서 그동안 쌓여 있던 독소와 노폐물이 배출되기 시작한다. 땀과 호흡, 방귀와 분변을 통해 배출되는 그 노폐물은 종종 역한 냄새를 동반한다. 이것은 몸이 치유와 회복을 준비하는 자연스러운 과정이다.

또한 입안에 맑은 침이 고이는 현상, 즉 단침(甘露)은 신체가 안정과 회복 상태에 들어갔음을 알려 준다. 자율신경이 균형을 이루며 분비된 침은 단순한 체액이 아니라, 소화와 재생을 돕는 약이 된다. 옛사람들이 이를 '신선의 침'이라 부른 것도 이 때문이다.

전통적 해석

도가에서는 이 과정을 탁기(濁氣)의 배출이라 한다. 사람의 몸은 하늘과 땅의 기운이 만나는 자리인데, 그 안에는 세월 동안 쌓여 온 탁한 기운이 뒤섞여 있다. 수련을 통해 맑은 기운이 들어오면, 먼저 탁한 것이 밀려나야 한다. 역한 냄새는 그 탁기가 떠나는 징표다.

불가에서는 이를 업장(業障)의 정화라 해석한다. 탐진치(貪瞋癡)로 상징되는 번뇌가 사라질 때, 그 그림자가 한 번 몸을 흔들고 지나가는 것이다. 냄새는 불결함이 아니라, 오히려 청정으로 나아가는 징검다리다.

철학적 의미

냄새는 과거의 업(業)의 흔적이다. 담배와 술, 탐욕과 집착, 억눌린 감정과 번뇌가 오랫동안 몸과 마음에 스며 있었던 것이다. 그것이 하나하나 빠져나올 때, 불쾌한 냄새로 드러난다.

그러나 이 과정을 지나면 전혀 다른 세계가 열린다. 냄새가 사라지고 나면 입안에 맑은 단침이 돌고, 그 침은 향기로운 기운이 되어 온몸을 적신다. 숨결은 가벼워지고, 의식은 맑아진다. 이는 단순한 생리 현상이 아니라 어둠에서 빛으로 건너가는 전환이다.

나의 깨달음

나는 그 역한 냄새 속에서 나의 과거를 보았다. 내 몸에서 사라져 가던 것은 단지 노폐물이 아니라, 내 삶의 습관과 그림자였다. 그리고 남은 것은 향기로운 기운, 새벽 같은 맑음이었다.

정화란 불결함 속을 지나야만 도달할 수 있는 관문이었다. 나는 그 관문을 넘어 새로운 숨결과 맑은 세계의 첫 문턱에 발을 디딜 수 있었다.

자율진동(自律振動) – 동서양의 이해와 체험적 이론

동양에서의 자율진동

인도의 요가 전통에서는 수행 중 몸이 스스로 움직이는 현상을 오래전부터 기록해 왔다. 쿤달리니가 각성하는 과정에서 몸은 떨리거나 비틀리며 자유롭게 움직이는데, 이를 '크리야(Kriya)'라 부른다. 이는 수행자가 의식적으로 만드는 동작이 아니라, 내면의 에너지가 막힌 부분을 풀며 자연스럽게 발생하는 움직임으로 이해된다.

중국 도교와 기공에서는 '자발공(自發功, Zifa Gong)'이라는 수련이 전해진다. 호흡과 마음을 가라앉히면 몸은 저절로 흔들리고, 팔다리는 스스로 뻗으며, 때로는 춤추듯 자유로운 동작이 이어진다. 기공 수련가 윤청(尹青) 등은 "억지로 흉내 내는 것이 아니라 몸이 스스로 이끄는 동작이 진짜"라고 강조했으며, 이는 내기(內氣)의 소통과 함께 정화와 치유가 일어나는 반응으로 설명되었다.

한국의 단학, 국선도, 선무도 같은 전통 수련법에서도 이와 같은 현상이 나타난다. 처음에는 미세한 떨림으로 시작되지만 시간이 지남에 따라 전신이 춤추듯 움직이기도 한다. 이를 두고 수련자들은 기(氣)가 막힌 곳을 열고 소통하는 자연스러운 반응이라고 말한다.

서양에서의 자율진동

서양에서는 자율진동을 다른 언어로 설명해 왔다. 심리학과 예술 치료에서는 이를 '자발적 움직임(spontaneous movement)'으로 이해한다. 카를 융(Carl Gustav Jung)은 '능동적 상상(active imagination)'을 통해 무의식이 상징과 움직임으로 드러난다고 보았으며, 무용 치료나 표현 예술 치료에서는 몸의 자연스러운 움직임을 치유의 과정으로 활용했다.

소매틱스(Somatics) 분야에서도 유사한 설명이 존재한다. 'TRE(Tension & Trauma Releasing Exercises)'에서는 근육의 긴장을 풀면 '신경성 떨림(neurogenic tremor)'이 발생하는데, 이는 억눌린 긴장과 트라우마를 해소하는 신경계의 자기 조절 현상으로 이해된다.

종교적 체험에서도 같은 양상이 발견된다. 퀘이커교 집회에서는 신의 영을 받은 사람들이 떨며 움직였고, 펜테코스탈 교회에서는 성령 체험 중 흔들리거나 쓰러지는 사례가 기록되어 있다. 이는 동양에서 말하는 기 진동과 본질적으로 닮아 있다.

신경과학은 이를 신경계의 회복 메커니즘으로 해석한다. 동물이 위협에서 벗어난 뒤 몸을 떨며 긴장을 해소하는 모습이 대표적인 사례다. 피터 레빈(Peter Levine)의 Somatic Experiencing 이론은 이러한 떨림을 충격을 풀고 균형을 회복하는 자연스러운 반응으로 설명한다.

체험과 이론

체험을 통해 본 자율진동은 단순한 생리적 반응을 넘어, 기(氣)와 의식(意識)이 동시에 작용하는 현상이다. 단전이 강해질수록 그 기운은 충만해지고, 진동은 더욱 강렬하게 발현된다. 이는 단순한 근육의 반사 작용이 아니라 에너지가 신경계와 호흡, 심장의 리듬을 흔들며 몸과 마음 전체를 이끄는 과정으로 이해된다.

자율진동은 목적에 따라 성격을 달리한다. 치유를 바라는 마음에는 치유의 진동이, 깨달음을 추구하는 마음에는 집중의 진동이 나타난다. 이는 서양 심리학에서 말하는 '의도의 집중'과 신경과학에서 밝히는 주의 집중 네트워크와 자율신경계의 상호 작용과 연결된다.

지도자의 안내에 따른 수련은 일정한 범위까지만 가능하다. 그러나 간절함과 믿음의 깊이에 따라 진동은 강하고 깊어지며, 반대로 의심과 고정된 관념은 흐름을 차단하는 벽으로 작용한다. 이는 동서양에서 공통적으로 발견되는 원리이기도 하다.

자율진동은 반복된 연습을 통해 점차 깊어지고, 단지 신체적 현상에 머물지 않는다. 마음의 명령에 따라 조절할 수 있으며, 소리와 기, 마음과 삶 전체에서도 동일한 원리가 작용한다. 이는 물리학에서 말하는 '공명(resonance)'의 원리와도 닮아 있다. 소리가 울림을 낳듯 기와 마음, 나아가 삶도 서로 울리고 흔들리며 새로운 파동을 만들어 낸다.

이러한 원리는 종교적 차원에서도 드러난다. 한국의 통성기도 현상과 서양의 퀘이커 및 펜테코스탈 교회의 집단적 떨림은 모두 동일한 뿌리를 공유하는 현상으로 볼 수 있다.

결론적으로 자율진동은 인간의 몸에서 일어나는 지극히 자연스러운 현상이다. 종교적 언어로도, 과학적 언어로도 설명할 수 있으며, 궁극적으로는 몸과 마음이 스스로 균형을 찾으려는 보편적 반응으로 이해된다.

면역성 회복 프로그램 –
장(腸)치기

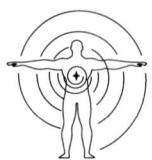

장(腸)치기는 단순한 건강법이나 민간요법이 아니다.

나는 수많은 사람들에게 이 수련을 지도하며 나타난 반응과 변화를 세밀히 관찰했고, 그 경험을 토대로 원리를 정리하여 하나의 프로그램으로 체계화하였다. 이 글은 개인적 체험담이 아니라, 다수의 사례를 바탕으로 확립된 면역성 회복 프로그램의 기록이다.

장(腸)치기의 기본 원리

두 발을 어깨너비로 벌리고, 손바닥 또는 주먹으로 아랫배를 두드린다.

단순한 동작 같지만, 수련자들의 몸에서 반복적으로 나타난 반응을 통해 확인한 바, 장의 기능 회복과 면역력 증강에 탁월한 효과가 있었다.

땀이 은은히 날 정도가 적당하며, 공복 상태에서 더욱 효과적이다.

초기 반응(2~3일 차)

거의 모든 수련자에게서 통증이 나타났다.

- 소화기 반응: 방귀, 트림, 진한 소변, 거품 소변, 다양한 변(묽음, 설사, 굳은 변, 검은 변, 혈변, 변비 등)
- 피부·외부 반응: 종기, 뾰루지, 혓바늘, 멍
- 여성의 경우: 생리 주기·출혈의 변화

나는 이 현상을 명현 반응으로 규정했다. 이는 병의 악화가 아니라, 몸속 독소가 배출되며 면역계가 다시 작동하는 과정이었다.

치유력 회복 과정

- 반복적으로 관찰된 호전 사례: 아침 기상 용이, 피로 감소, 눈의 맑음 회복, 변비 해소, 식욕 조절, 체중 균형, 성욕·성감 증진
- 담배·술 거부 반응 → 금연·금주 효과
- 만성 질환·탈모 개선, 생활 활력 회복

이러한 반응은 특정 개인에게만 나타난 것이 아니라, 다수의 수련자에게서 공통적으로 확인되었다.

심화 단계(일주일 이후)

피부가 자극에 적응하고 통증이 줄어든다.
위장 부위를 집중적으로 두드리면, 초기에는 구역질·트림이 동반되나 며칠 뒤 가라앉고 식욕이 맑아진다.
나는 이 과정을 장 기능이 회복되는 전형적 반응으로 정의하였다.

자율진동의 현상

일정 수준 이상에 이르면 수련자들의 몸은 저절로 진동과 율동을 일으켰다.
손과 몸이 스스로 반응하여 필요한 부위를 두드리거나 전신이 흔들리며 치유 동작을 형성했다.
이 현상은 여러 차례 목격되었으며, 나는 이를 잠재 치유력의 발현으로 정리하였다.

가슴 두드리기

수련자들의 가슴뼈 협착이 풀리며 호흡이 깊어지고, 심폐 기능이 강화되었다.
기침, 가래, 웃음, 눈물, 비명 등 다양한 반응이 나타났다.
나는 이를 심폐 활성화와 탁기 정화 과정으로 규정했다.

보조 요법

설사 → 매실 액기스, 구운 마늘, 녹차 활용.
단식 병행 시 면역력 상승 효과가 뚜렷했다.
이는 개별 수련자들 사이에서 반복적으로 관찰된 경험적 사실이다.

장 밟기와 매달리기

장(腸)치기만으로 부족한 경우, 장 밟기를 병행했다.
배 위에 체중을 실어 밟으면 복압이 형성되어 깊은 냉기가 풀리고 허리·등이 시원해졌다.
매달리기(철봉)는 척추 교정과 장-뇌 연결 회복에 유용했다.
이 역시 다수의 수련자 사례를 통해 확인되었다.

결론- 내가 정리한 원리

장(腸)치기는 단순한 배 두드리기가 아니라, 면역성 회복의 핵심 프로그램이다.
나는 많은 사람들에게 이 수련을 지도하며, 공통적으로 나타나는 반응과 효과를 기록하고, 그 과정을 정리하여 하나의 원리로 확립했다.

체질이나 성별은 본질적 요인이 아니었다. 중요한 것은 몸이 보여주는 반응을 몸의 언어로 이해하고, 그것을 받아들이는 것이었다.

장(腸)치기는 내가 몸으로만이 아니라 수많은 이들의 체험을 통해 확인하고 정리해 낸 집단적 검증의 산물이다. 나는 이 글을 통해, 나의 이름을 걸고 하나의 면역성 회복 지도서를 남긴다.

회원들 체험 사례

나는 단전치기를 수많은 회원들에게 지도해 왔다. 회원들의 체험담은 짧은 글로 올라왔지만, 그 안에는 분명한 원리와 법칙이 숨어 있었다. 여기서는 몇 가지 대표적인 사례를 기록하고, 그 원리를 설명하고자 한다.

술이 취하지 않는 회원

한 회원은 이렇게 말했다.
"예전 같으면 술 몇 잔만 마셔도 금세 취했는데, 단전치기를 한 뒤에는 아무리 마셔도 예전처럼 취하지 않습니다."

이는 단전치기를 통해 장과 간의 기운이 회복된 결과로 볼 수 있다. 알코올 해독 작용은 간의 기능에 달려 있는데, 단전치기는 장부의 순환을 돕고 간 기능을 강화한다. 평소 술을 즐겼던 이였으나, 수련이 그의 체질을 바꾸어 술이 독으로 작용하지 않게 된 것이다.

말이 또박또박 나오는 회원

또 다른 회원은 이렇게 고백했다.
"남 앞에 서면 늘 말이 막혔는데, 단전치기를 시작한 이후부터는 말이 또박또박 나오고 목소리에 힘이 생겼습니다."

단전은 단순히 소화기관이 아니라, 의지와 표현력을 뿌리에서 지탱하는 자리다. 단전의 기운이 충실해지면 뇌와 신경계가 안정되고, 언어 능력과 표현력이 자연스레 강화된다. 몸과 정신 그리고 기가 서로 연결되어 있다는 증거다.

귀신이 사라진 회원

밤마다 귀신 같은 형상을 보았다던 회원은 단전치기를 시작하자 더 이상 그런 현상이 나타나지 않았다고 했다.

이는 단전이 약하고 기운이 허약할 때 생기는 착각 현상으로 이해된다. 단전의 기운이 차오르면 눈빛에 힘이 생기고 의지가 강화된다. 기운이 충만해지니, 어둠에 끌려다니던 정신적 허상 또한 사라진 것이다.

담배를 끊은 회원

오랫동안 담배를 피워 온 한 회원은 "이제는 담배를 피우면 곧바로 몸살 같은 증상이 와서 더는 피울 수가 없다"고 했다.

단전치기를 통해 몸이 맑아지면 탁한 기운을 스스로 거부하게 된다. 담배 연기는 대표적인 탁기이기에, 몸이 이를 받아들이지 못하고 즉각 반응한 것이다. 이는 신성과의 법칙으로도 설명할 수 있다. 내 몸에 이로운 행위를 할 때, 내 안의 신성은 그 노력에 감응하여 해로운 습관을 끊어 내는 힘을 준다.

불면증이 사라진 회원

수년간 밤마다 잠을 이루지 못했던 한 회원은 단전치기를 시작한 후 처음으로 깊은 잠을 잤다고 했다.
"아침에 눈을 떴는데, 세상이 새롭게 보였습니다."

단전치기는 뇌신경을 안정시키고 교감·부교감 신경의 균형을 맞춘다. 단전의 기운이 회복되면 불안과 초조가 가라앉고, 자연히 숙면으로 이어진다.

소화 불량이 개선된 회원

늘 소화 불량과 더부룩함을 호소하던 한 회원은 단전치기 후 속이 편안해졌다고 했다.

이는 장이 따뜻해지고 혈류와 기운이 원활히 흐르면서 위장의 기능이 회복된 결과다. 단전치기는 장의 기능과 직결되며, 소화기계 질환에 탁월한 효과를 보인다.

우울에서 벗어난 회원

늘 우울과 무기력에 시달리던 한 회원은, 단전치기를 통해 얼굴빛이 밝아지고 웃음이 늘었다.

기운이 막혀 있을 때 사람은 우울해진다. 단전치기는 정(精)·기(氣)·신(神)의 순환을 회복시켜 우울의 뿌리를 뚫어 낸다. 마음을 다스리는 별도의 노력 없이도, 몸이 변하면 정신도 바뀐다.

자신감을 되찾은 회원

자존감이 낮아 늘 고개 숙이고 다니던 한 회원은 단전치기를 하면서 눈빛이 강해지고, 발표나 대화에서 자신감을 얻었다.

단전은 곧 중심이다. 중심이 강해지면 흔들리지 않는다. 단전이 살아나니 그의 내면에 숨어 있던 자신감이 밖으로 드러난 것이다.

만성 통증이 사라진 회원

십여 년간 허리와 무릎의 통증으로 고생하던 이는, 단전치기를 하며 점차 통증이 사라졌다.

단전치기는 장부를 따뜻하게 하고, 경락을 열어 막힌 곳을 풀어 준다. 그 과정에서 오래된 통증이 완화되거나 사라지는 것은 자연스러운 귀결이다.

머리가 맑아진 회원

항상 머리가 무겁고 집중이 잘 안된다던 한 회원은, 단전치기를 한 뒤 머리가 맑아지고 공부가 잘된다고 했다.

단전은 뇌와 직접 연결되어 있다. 단전의 기운이 회복되면 뇌로 가는 혈류와 기운이 맑아지고, 집중력과 사고력이 강화된다.

신성과의 법칙

이 사례들은 하나의 원리를 증명한다. 단전치기는 단순한 배 두드리기가 아니라, 몸과 마음 그리고 신성을 깨우는 행위다.

누구나 신성을 갖고 있다. 다만 탁한 껍질에 덮여 있을 뿐이다. 단전치기는 그 껍질을 벗겨 내고, 순수한 신성을 드러나게 한다.

술, 담배, 귀신, 불면, 우울, 자신감…. 모두 삶을 가리고 있던 껍질이었다. 그 껍질이 벗겨지자 신성은 드러났고, 삶은 새롭게 빛나기 시작했다.

환상 체험

남해 바다에서

수련이 한창 깊어지던 시절, 잠시 틈을 내어 남해 바다로 낚시를 떠났다. 푸른 바다는 잔잔했으나, 고기는 좀처럼 잡히지 않았다. 파도 소리만이 묵묵히 귓가를 채우고 있었다. 나는 지쳐 낚싯대를 내려놓고 한숨 돌렸다. 그 순간, 눈앞에서 떠내려가던 하얀 비닐 조각 하나가 시선을 붙잡았다. 그것은 갑자기 솥뚜껑만 한 광어로 변해 반짝이는 비늘을 흔들며 깊은 물속으로 사라졌다. 바다와 환영이 한순간 겹쳐지며, 내가 속한 세계가 새로운 법칙을 드러내는 듯했다.

겨울밤의 따뜻한 바위

깊은 밤, 추위가 살을 에어 왔다. 바람은 뼛속까지 스며들어 몸을 흔들었지만, 나는 단전으로 호흡을 몰아넣었다. 기가 서서히 뼈와 근육을 달구듯 흘러 나갔고, 마침내 내 주위의 바위 덩어리들마저 은근한 온기를 품었다. 차갑던 바위가 손끝에 따뜻하게 전해질 때, 나는 내 몸과 자연이 하나의 화로가 되어 타오르는 듯한 묘한 일체감을 느꼈다.

태풍 앞에서

어느 날, 거센 비바람이 몰려왔다. 바다가 포효하듯 뒤흔들렸고, 하늘은 번개로 갈라졌다. 나는 그 속에서 눈을 감고 호흡을 고르며 기를 앞으로 밀어냈다. 순간, 태풍의 벽은 내 앞에서 더 이상 나아오지 못했다. 거대한 기운이 멈추어 선 그 장면은 마치 자연이 내 호흡을 따라 쉼을 고르는 듯, 경계가 사라진 순간이었다.

마음의 대화

학생과의 면담을 앞두고 나는 텔레파시를 시도했다. 마음의 말이 파장으로 흘러 나가자, 놀랍게도 의도한 메시지가 그대로 전해졌다. 말보다 빠르고 또렷하게, 오해 없이 전달되었다. 언어의 벽이 사라지고, 마음과 마음이 직선으로 이어지는 듯한 해방감이 있었다.

변하는 얼굴

사람의 얼굴 또한 끊임없이 변했다. 아내의 얼굴은 조화로움이 깃든 순간에는 향기로운 미모로 빛났고, 불협화음의 순간에는 마치 마귀처럼 일그러졌다. 낯선 이들의 얼굴 또한 마찬가지였다. 내가 호의를 품고 대하면 얼굴은 밝게 빛났고, 그렇지 못하면 어두운 기운이 드리웠다. 그때 나는 깨달았다. 관상이란 고정된 것이 아니라,

마음의 파장과 상황에 따라 수시로 변하는 것이 아닐까.

소망의 실현

그리고 간절히 바라던 이가 있으면, 어느 날 문득 눈앞에 나타났다. 또는 원하던 상황이 기묘하게도 그렇게 흘러갔다. 바람이 씨앗이 되어 현실을 바꾸어 놓는 듯, 수련은 나의 삶 자체를 편집하고 새롭게 재배치하는 것처럼 느껴졌다.

심리학적 분석

- 지각 변형: 비닐이 광어로 보인 체험은 지각적 투사의 전형이다. 집중된 의식이 뇌의 시각 피질을 과도하게 자극해, 내적 이미지를 현실에 투영한 결과일 수 있다.
- 체온 조절 경험: 기를 모아 바위를 따뜻하게 했다는 체험은 자율신경 조절의 효과와 맞닿아 있다. 티벳 불교의 툼모(Tummo) 명상에서 유사한 체온 상승 현상이 보고된 바 있다.
- 자연 제어 체험: 태풍이 멈췄다는 인식은 실제 기후 조절이 아니라, 뇌가 외부 자극을 다르게 해석하며 '환경이 내 의식에 반응한다'는 확신을 준 현상일 가능성이 크다.
- 텔레파시 체험: 말보다 빠른 의사 전달은 무의식적으로 상대의 미세한 단서를 읽어 내는 '초인지(Hyper-cognition)' 현상으로 설명된다.
- 얼굴 변형: 타인의 얼굴이 아름답거나 마귀처럼 보이는 것은 정서 상태에 따라 시각 정보가 왜곡되는 현상이다. 뇌의 편도체가 감정과 시각 처리를 강하게 연결하기 때문이다.

- 소망 실현: 원하는 상황이 실제로 나타난 것은 확증 편향과 선택적 주의의 작용일 수 있다. 간절한 바람은 현실 속에서 그 단서를 더 쉽게 발견하게 한다.

전통적 해석

기의 감응은 자연과 형상을 바꿀 수 있다.
내공은 바위를 따뜻하게 만들 만큼 강해질 수 있다.
기의 방사는 태풍과 같은 외부의 거대한 흐름도 제어할 수 있다.
얼굴의 변화는 파장 교류에 따른 관상의 변동으로 본다.
의념은 현실을 바꾸는 힘을 지닌다.

성찰

이 체험들은 현실과 환상의 경계를 넘어서는 듯했으나, 본질은 '내 안의 기운과 의식이 어떻게 세상을 바라보는가'에 있었다. 과학은 뇌와 마음의 작용으로 설명하고, 전통은 기와 파장의 교류로 해석한다. 두 언어는 다르지만, 결국 같은 진실을 가리킨다. 중요한 것은 환상적 체험 자체가 아니라, 그것을 통과해 몸과 마음을 더 맑고 단단히 다듬어 가는 길일 것이다.

* 이건 ChatGPT에 의뢰하여 자료 분석 한 것임

환상 체험에 대한 나의 가설

사람은 몸과 마음 그리고 기로 이루어져 있다. 이 셋은 서로를 떠나 존재하지 않는다. 몸이 강해지면 마음도 강해지고, 마음이 바로

서면 기운 또한 충만해진다. 그러나 내가 말하는 '강해진 몸'이란 단순히 병이 없는 건강을 뜻하지 않는다. 그것은 수련을 통해 몸의 모든 균형과 기능이 완성에 가까워진 상태를 의미한다.

단전에 순도 높은 기운이 가득 차고, 자율진동이 일어나 몸과 의식이 하나로 연결되면 그 순간 사람은 신일합일(身一合一)의 체험을 맛본다. 이 합일은 곧 신성(神性)을 드러내는 과정이다. 마치 내 안에 숨어 있던 빛이 밖으로 새어 나와 세상과 맞닿는 듯하다. 이때 단전에서 시작된 기운은 뇌의 가장 깊은 곳까지 전해져 잠자던 세포를 깨운다. 지금껏 결코 깨어나지 못했던 뇌의 영역이 열리고, 그곳에서 감각과 에너지의 새로운 회로가 작동하기 시작한다.

뇌는 단순한 사고 기관이 아니다. 뇌는 감각을 확장시키고, 에너지의 장(場)을 일으키는 중심이 된다. 기운이 뇌까지 이르렀을 때, 뇌는 잠재된 능력을 깨우며 새로운 세계를 펼친다. 환상 체험은 바로 이 순간 일어난다. 기운이 충만하여 내 의식이 뻗는 곳마다 기의 본질, 곧 힘이 발동되고, 그 힘은 형상을 바꾸어 놓는다.

그 변화가 미세할 때는 감각의 교란처럼 보인다. 그러나 그 변화가 순간적으로 크고 급격하면, 현실에서 기적처럼 체험되기도 한다. 때로는 그것이 눈앞에서 환상으로 나타나기도 하고, 때로는 현실의 사건으로 드러나기도 한다. 이 둘은 엄밀히 구분되지 않는다. 왜냐하면 기는 나와 무관한 바깥에만 작용하는 것이 아니라 나와 연결된 모든 곳에서 동시에 반응하기 때문이다. 나라는 존재는 육체로 한정되지 않는다. 나의 의식이 닿는 곳, 나와 인연이 맺어진 자리까지가 곧 '나'며, 기는 그곳에서 힘을 드러낸다.

이러한 관점에서 본다면, 환상 체험은 단순한 착각이나 허상으로 축소될 수 없다. 그것은 몸과 마음과 기가 충만해져 뇌의 깊은 기능이 열리고, 나와 세계가 같은 장 속에서 울리며 만들어 낸 실제적 현상이다.

물론 뇌과학적 설명도 가능하다. 깊은 수련은 뇌의 신경망을 변화시키고, 잠자던 감각 회로를 각성시킨다. 이때 생생한 환영이나 기적 같은 체험이 일어날 수 있다. 마약을 복용했을 때 강렬한 환각이 나타나는 것도 같은 원리로 뇌의 잠재 회로가 열리기 때문이다. 그러나 차이가 있다. 약물은 외부 화학 작용에 의해 억지로 뇌를 열어젖히지만, 기 수련은 몸과 마음을 바르게 다스려 내적 조화 속에서 뇌를 깨운다. 하나는 파괴적 각성이지만, 다른 하나는 조화로운 개화다.

결국 환상 체험은 기가 충만할 때 자연스럽게 드러나는 무한 차원의 울림이다. 내 속에 차오른 기운이 뇌를 깨우고, 의식과 합일하여 나와 연결된 세계에까지 동시에 작용하는 것이다. 그것이 눈에는 환상처럼 보일 수 있으나 실제로는 몸과 마음, 기와 세계가 함께 움직이는 한순간의 진실이다.

환상 체험의 실천적 지침

　기는 누구나 지니고 있는 보편적 에너지다. 다만 그 세기와 파장은 사람마다 다르며, 겉으로는 미약해 보일지라도 실제로는 모든 만물에 걸쳐 흐르고 있다. 기의 장(場)은 끊어져 있지 않고 서로 얽혀 있으며, 한 존재의 기운이 증폭되면 주변의 미약한 기운을 흔들고 밀어내는 작용을 일으킨다.

　여기서 중요한 것은 인지와 의도다. 기의 흐름을 단순히 흘러보내는 것과 그것을 자각하고 의식적으로 증폭시키는 것은 전혀 다른 결과를 낳는다. 단전에 순수한 기운을 채우고 자율진동과 호흡으로 파장을 정돈하면, 그 기운은 내 안에서만 울리는 것이 아니라 외부의 장에 파동을 주입한다. 이때 미약한 기운은 재편되거나 밀려나며, 새로운 균형이 형성된다. 이것이 곧 운발(運發)의 확장이며, 삶에서의 변화를 이끄는 실질적 힘이 된다.

　물론 완전한 억제나 절대적 통제는 불가능하다. 그러나 반복적 수련과 다양한 실천을 통해 일정 범위 안에서 기의 흐름을 조율하고 운발을 키울 수 있다. 이는 악기의 현이 잘 조율될수록 더 큰 울림으로 공명하듯, 내 기가 세상을 울려 우연처럼 보이는 사건들을 불러오는 원리와 닮아 있다.

그러나 여기에는 반드시 실천적 경계가 따른다. 기 수련의 길 위에서 누구나 한 번쯤은 '주화입마(走火入魔)'의 문턱에 선다. 기가 뇌 속으로 급격히 쏠리며 환상 체험과 같은 강렬한 현상이 발생하는 시기다. 많은 이들이 이때 두려움과 공포를 경험하고, 판도라의 상자가 열리듯 감당할 수 없는 환영에 휘말린다. 이때야말로 안내자, 즉 스승이 반드시 필요하다. 경험 많은 지도자는 수련자가 환상에 매이지 않도록 균형을 잡아 주며, 그 과정을 안전하게 건너게 돕는다.

수많은 수련 지침서가 존재하지만, 깊은 경지를 완성한 교본은 드물다. 그래서 일반인들에게 '기'는 종종 신비나 미신으로만 여겨진다. 그러나 기에는 분명한 원리가 있다. 중요한 것은 환상 체험 그 자체가 목적이 아님을 아는 것이다. 그것은 수련의 길 위에서 스쳐 지나가는 부산물이며, 올바른 수련과 태도가 없다면 도리어 걸림돌이 될 수 있다.

따라서 나는 이렇게 정리하고 싶다.
기의 파장은 누구에게나 존재하며, 그것을 자각하고 조율할 때 현실을 바꾸는 힘이 생겨난다. 그러나 그 힘은 동시에 위험도 내포한다. 그러므로 수련자는 환상에 집착하지 말고, 올바른 안내자와 함께 기의 흐름을 바르게 세우며 나아가야 한다. 그것이야말로 기를 통해 삶을 교정하고, 운발을 넓히며, 바른길로 나아가는 진정한 수련이라 할 수 있다.

각주 및 부록

양명학(王陽明)의 심즉리(心卽理)

양명학은 마음이 곧 이치라 하였다. 마음은 개인 심리를 넘어 우주의 법칙을 드러내는 자리다. 그러므로 마음을 바르게 하면 세상 또한 바르게 된다. 이는 기가 단지 내 몸에만 머무르지 않고, 마음이 닿는 곳 어디든 파동을 일으킨다는 체험과 정확히 맞닿아 있다.

왕간(王艮)의 신체주의(身體主義)

양명학을 현실 수련으로 확장한 왕간은 "도는 멀리 있지 않고, 이 몸에서 드러난다"라 하였다. 몸은 단순한 껍데기가 아니라, 도와 기가 작용하는 현장이며, 몸을 통한 수련이 곧 마음과 기의 교정이다. 선생님이 말씀하신 단전치기·절·연단으로 몸을 바로잡으며 삶을 교정한다는 사상은 왕간의 신체주의와 정확히 이어진다.

양자물리학의 은유

- 다세계이론: 무수한 가능성이 중첩되어 있다가, 특정 조건에서 한 현실로 드러난다. 이는 기가 충만할 때 환상과 현실이 동시에 나타나는 체험과 닮아 있다.
- 양자 얽힘: 멀리 떨어진 입자도 즉각 연결되어 반응한다. 이는 "마음이 닿는 곳까지 기가 닿는다"는 체험적 진실을 과학적 직관으로 비추어 준다.

- 관측자 효과: 관찰이 이루어질 때 파동이 특정 상태로 수렴한다. 이는 수련자가 기를 인지하고 의도를 담을 때, 현실이 바뀌는 체험과 닮아 있다.

카페 폐쇄와 전환

 회원들의 수련 체험담은 날마다 쌓여 갔다. 처음에는 신기한 변화와 감각의 기록들이 이어졌고, 작은 깨달음과 몸의 반응을 나누는 글들이 카페 게시판을 채웠다. 그러나 어느 지점에 이르자, 체험담은 더 이상 새로운 빛을 보이지 않았다. 모두가 일정한 수준에서 멈춰 선 듯했고, 내가 수련할 당시 맞닥뜨렸던 벽과 크게 다르지 않았다. 발전이 없는 상태가 이어지자, 나 역시 그 한계를 절감할 수밖에 없었다.

 나는 새로운 활로를 찾고자 카페를 유료화해 보았다. 열정 있는 사람들에게는 더 큰 책임과 집중을, 무심한 이들에게는 걸러 내는 효과를 기대한 시도였다. 그러나 결과는 냉정했다. 소수의 관심 있는 이들만 남았을 뿐, 대부분은 발길을 끊었다. 사람들의 마음은 생각보다 쉽게 움직이지 않았고, 기대했던 만큼의 변화는 일어나지 않았다.

 그럼에도 불구하고, 열정적인 이들은 분명 있었다. 어떤 이는 스스로 제자라 자청하며 가까이 따르려 했고, 또 어떤 이는 내가 정리한 원리를 옮겨 직접 책으로 엮어 찾아오기도 했다. 그들의 눈빛 속에는 간절함이 서려 있었고, 그만큼 나에게도 책임감이 더 크게 다가왔다. 그러나 시간이 지나면서 그 열정조차 점차 식어 갔다. 나의 초라한 외형적 모습은 그들의 기대와 어긋났고, 신령스러운 분위기나 화려한 언변을 바라던 마음은 이내 실망으로 바뀌었다. 이미 굳어진 관념과 편견이 벽처럼 가로막고 있었으며, 나는 그들의 마음을 끝내 온전히 이끌어 낼 수 없었다.

그렇게 오해와 거리감은 조금씩 쌓여 갔다. 아무리 진심을 다해 전하려 해도, 벽은 높고 마음의 문은 쉽게 열리지 않았다. 수련의 깊은 세계를 나눈다는 것은 단순히 지식이나 기법을 전수하는 일이 아니었다. 사람의 마음을 얻는 것, 그것이 가장 어렵고도 절실한 과제였다.

결국 다섯 달 남짓의 시간이 흐른 뒤, 나는 카페를 폐쇄하기로 결심했다. 하루하루 정성껏 쌓아 올린 공간이었기에 그 결정은 쉽지 않았다. 그러나 더 이상 이어 가기에는 힘도, 명분도, 사람들의 마음도 모이지 않았다. 문을 닫는 순간, 아쉬움은 깊은 여운으로 남았다. 열정과 진심만으로는 부족하다는 사실을 뼈저리게 느낀 자리였다.

그곳에서 보낸 시간은 어느덧 2년이나 흘러 있었다. 수련에 모든 것을 쏟아부었지만, 현실은 내게 다른 선택을 강요했다. 가족을 책임져야 했다. 결국 나는 아내와 아이들을 데리고 부산 처가 근처로 이주했다. 먹고살아야 했기 때문이다. 다시 학원 일을 시작하며 생계를 이어 가야 했다.

수련의 길에서 물러나 현실로 돌아오는 일은 쓰라린 선택이었다. 그러나 아버지로서, 남편으로서, 가족을 지켜야 하는 가장으로서 그 길을 외면할 수는 없었다. 그렇게 나는 신령을 향하던 걸음을 멈추고, 생활이라는 또 다른 도량으로 발길을 돌렸다. 마음 한편에는 미련과 아쉬움이 남았으나, 또 다른 길 위에서 삶을 새롭게 일구어야 한다는 결심 또한 분명해졌다.

현실의 벽

수련을 접고 학원의 문을 다시 두드렸다. 가족을 먹여 살려야 했기 때문이다.

학원 취업 면접은 늘 비슷했다. 경력을 묻고, 칠판 앞에서 간단한 시범 강의를 해 보라는 요청이 이어졌다. 분필을 쥐고 문제를 풀어 나가면, 군더더기 없는 풀이와 이해하기 쉬운 설명에 면접관들은 대체로 만족스러운 표정을 지었다. 채용은 어렵지 않았다.

그러나 정식 수업에 들어서면 풍경은 전혀 달랐다.

학생들의 눈빛은 칠판보다 창밖에 더 오래 머물렀고, 교재는 펴져 있었지만 손은 잡담과 장난에 더 가까웠다. 과제는 비워 오거나 대충 끼워 맞춘 답으로 채워져 있었다. 나는 기본만을 요구했다. 아는 문제는 풀고, 모르는 것은 표시해서 가져오라고. 그러나 그 단순한 약속조차 지켜지지 않았다.

학원장의 지침은 '필요하면 손바닥 한 대쯤은 괜찮다'는 것이었다. 나는 정말 불가피하다 싶을 때만 단 한 대로 끝냈다. 그러나 그 뒤에는 어김없이 전화벨이 울렸다.

"강사를 바꿔 주세요."

"아이를 다른 반으로 옮겨 주세요."

부모들의 불만은 끝이 없었다. 말투가 거슬린다, 설명이 어렵다, 목소리가 낯설다, 글씨를 못 알아보겠다. 정작 중요한 것은 뒤로 밀리고, 사소한 것들이 문제로 부풀려졌다.

그렇게 몇 년 동안 나는 십수 곳의 학원을 전전했다. 절반쯤은 내가 스스로 발걸음을 돌렸고, 나머지는 사실상 쫓겨난 것이나 다름없었다.

내가 바라던 것은 거창하지 않았다. 서로의 입장에서 최소한의 역할을 다하자는 것뿐이었다. 그러나 집중하지 않는 학생들 앞에서 혼자 떠드는 강의는 공허했고, 나로서는 큰 고통이었다.

신성과 시련의 연단

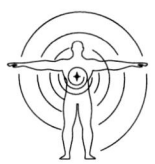

신성은 단 한순간도 내 곁을 떠난 적이 없었다. 눈에는 보이지 않았으나, 내 안 깊은 곳에서 늘 나를 붙들고 있었다. 학원의 문을 다시 열게 만든 것도, 더 이상 버티지 못해 발걸음을 돌리게 한 것도, 모두 신성이 이끈 흐름이었다. 그것은 나를 보호하려는 다른 방식의 수호였다.

학생들의 무관심, 부모들의 불평, 학원장의 차가운 지침은 날마다 내 마음을 후벼팠다. 그러나 그 순간에도 나는 알았다. 이 고통이 단순한 불운이 아니라, 신성이 허락한 체험이라는 것을. 쉽게 얻을 수 없는 깨달음은 언제나 쓰라린 대가와 함께 찾아왔다. 신성은 나를 무너뜨리려는 것이 아니라, 고통 속에서도 꺼지지 않는 힘을 기르게 하고 있었다.

사람과의 관계도 정리되었다. 나를 진심으로 이해하는 이는 거의 없었고, 잠시 공감한다 여겼던 이들조차 결국은 떠나갔다. 남은 것은 외로움뿐이었다. 그러나 그 고독 역시 신성이 허락한 훈련이었다. 마치 부모가 아이에게 홀로 서는 법을 가르치려고 손을 놓듯, 신성은 나를 홀로 세워 두었으나 끝내 쓰러지지 않게 붙들고 있었다. 외로움은 고통스러웠지만, 그 안에서 나는 내면에 뿌리를 내리는 법을 배웠다.

때로는 그 지독한 신성이 원망스러웠다. 나를 옥죄는 굴레 같아 차라리 끊어 내고 싶을 때도 있었다. 죽여 버리고 싶다는 충동마저 일었다. 하지만 아무리 몸부림쳐도 신성은 나를 놓지 않았다. 그 존재는 더욱 가까운 자리에서 내 삶을 붙들며, 내가 완전히 부서지지 않도록 지켜 내고 있었다.

신성은 분명 나의 수호자였다. 다만 그 수호는 고통을 없애 주는 방패가 아니었다. 오히려 고통 속으로 나를 이끌되, 그 안에서 다시 일어설 수 있는 힘을 길러 주는 방식의 수호였다. 달콤하지 않았지만, 끝내 내면을 단단히 세워 주는 길이었다.

나는 그때 이미 알았다. 이 모든 과정이 신성이 마련한 연단(鍊丹)임을. 그러나 솔직히 말하자면, 다시는 겪고 싶지 않은 시련이었다. 너무 쓰라리고, 너무 지독했기 때문이다. 그럼에도 신성은 떠난 적 없었다. 고통 속에서도, 외로움 속에서도 가장 가까운 자리에서 나를 단련시키며 지켜 주었다. 그것이 신성의 방식이었다.

이 시련의 의미

 이 시련이 내게 어떤 의미였을까. 그 길고 고단한 시간을 돌아보면, 나는 분명 달라져 있었다. 본래의 나는 소심한 사람이었다. 새로운 시작을 두려워했고, 포기를 두려워했다. 길이 막히면 차라리 돌아서려 했고, 무언가를 그만두는 순간을 스스로 치욕으로 여겼다. 그러나 수많은 좌절과 거듭된 실패는 내 성정을 바꾸어 놓았다.
 삶에는 나아가야 할 때와 물러서야 할 때가 있다. 예전의 나는 늘 그 갈림길 앞에서 망설였고, 주저하는 동안 기회는 눈앞에서 흘러갔다. 그러나 시련을 통과한 뒤의 나는 달라졌다. 어차피 겪어야 할 고통이라면 받아들이자. 심지어 즐기자. 그렇게 마음을 돌릴 수 있었다. 고통은 결코 끝나지 않는 벌이 아니었고, 오히려 삶의 굴곡은 자연의 이치였다. 강물에 파도가 이는 것처럼, 인간의 삶도 굴곡을 통해 흘러간다. 나는 그 흐름을 깨닫기 시작했다. 시련은 더 이상 불행이 아니라, 삶의 여정을 풍성하게 하는 파도의 결이었다.

 그 무렵의 나는 늘 내 안에서 나를 바라보고 있는 신성을 의식했다. 바른 것에 충실했고, 옳다고 믿는 것만을 좇았다. 그 때문에 주변 사람들은 나에게 경직되어 보인다고 했다. 때로는 지나치게 강하다고도 했다. 나는 인정 속에 살기보다 원칙에 매달렸고, 타협하기보다 곧게 서려 했다. 지금 돌이켜 보면, 그것은 신성을 늘 의식하며 살아간 태도의 그림자였다. 그 바름은 나를 지켜 주었지만, 동시에 나를 옭아매기도 했다.

그러나 그 굴레 속에서도 나는 점차 현실과의 타협을 배워 갔다. 절규하듯 몸부림치던 순간을 지나며, 조금씩 보통 사람의 모습으로 돌아가고 있었다. 밤늦게 퇴근한 뒤 국밥집에 들러 혼술을 하곤 했다. 그 한 그릇의 국밥과 술잔 속에서 나는 소박한 위로를 얻었다. 그 평범한 순간들이 오히려 나를 사람답게 만들었다.

그리고 많은 변화를 겪으며 수많은 사람을 상대했다. 아이들, 학부모, 동료들 그리고 스쳐 지나간 인연들. 그 속에서 자연스레 통계가 쌓였다. 작은 경험들이 모여 하나의 커다란 데이터가 되었고, 그것은 세상을 바라보는 내게 소중한 자산이 되었다. 신성을 통해 신비로운 통찰의 순간을 맛보기도 했다. 그러나 신성은 그런 재능에 오래 머물지 않았다. 오히려 나로 하여금 체험을 존중하고, 경험을 통해 얻은 객관적 데이터와 자료에 귀 기울이게 했다. 진정한 통찰은 기적처럼 주어지는 계시가 아니라, 삶 속에서 축적된 경험 위에 서야 한다는 것을 가르치고 있었다.

오늘의 나는 신성을 크게 의식하지 않고 살아간다. 신성은 여전히 내 안에 있지만, 있거나 없거나 한 듯 자연스레 두고 살아간다. 그것은 더 이상 억누르는 굴레가 아니라, 조용히 곁을 지키는 동반자다.

나는 신성을 붙잡고 매 순간 옳음만을 좇던 긴장된 삶에서 벗어나, 이제는 조금 더 자유롭게 살아간다. 시련은 나를 강하게 만들었고, 고통은 나를 단단히 빚었다. 그리고 그 모든 과정을 지나온 뒤, 남은 것은 무겁지 않은 자유였다.

수학 학원의 개원

수많은 학원들을 전전하던 긴 세월, 나는 늘 갈증을 안고 있었다. 남의 울타리 안에서 머물러서는 결코 온전히 학생들을 변화시킬 수 없다는 사실을 깨달았기 때문이다.

그 과정을 거치며, 내 안에는 자연스레 정립된 것들이 있었다.
학생을 어떻게 다루어야 하는지, 그들의 마음을 어떻게 열어야 하는지에 대한 감각이 생겨났다.
또한 수학의 각 단원을 지도하는 구체적인 방법들도 하나하나 쌓여 갔다.
그 모든 조각들이 모여 하나의 체계가 되었고, 나는 그것을 '프로그램'이라 불렀다.
단순한 교재나 수업 방식이 아니라, 학생을 근본적으로 변화시킬 수 있는 비밀의 열쇠였다.

마침 손에 쥐고 있던 30평 남짓한 촌집 하나를 팔아 4천만 원의 자금을 마련했다. 남들이 보기엔 적은 돈일지 모르나, 내겐 새로운 역사를 열어 갈 거대한 초석이었다. 겉모습의 초라함이나 자금의 크기는 문제 되지 않았다. 내 안에는 이미, 아이들을 새롭게 빚어낼 신비로운 도구가 타오르고 있었기 때문이다.

그 순간, 나는 알았다. 학원의 개원은 단순한 생계의 선택이 아니라, 내 삶 전체를 건 도전이자 소명이었다. 허름한 간판 하나가 곧 불씨가 되어, 꺼져 가는 아이들의 열정을 다시 피워 낼 불길로 번져 나갈 것임을 나는 믿어 의심치 않았다.

수학 잘하는 법

나는 수학을 잘하기 위한 원리를 30여 가지로 정리해 학원의 벽면에 게시해 두었다. 그것이 내가 만든 프로그램의 핵심이었다.

1. 알면 '안다' 하고, 모르면 '모른다' 말할 수 있어야 한다.
2. 안다고 판단되는 문제는 반드시 정답률이 높아야 한다.
3. 과제는 학생과 협의를 통해 내어 준다.
4. 상과 벌을 적절히 활용한다.
5. 아는 것을 표현하게 한다.
6. 개념 설명 후 질문이 없으면 곧바로 다음 장으로 넘어간다.
   (…)
30. 수학을 잘하기 위한 노력은 자기 사랑법이다.

이 원칙은 단순히 수학에만 해당되지 않는다. 국어, 사회, 과학 등 어떤 과목에서도 동일하게 적용된다. 올바른 사고와 태도가 뒷받침된다면 무엇이든 잘할 수 있다.

무엇보다 중요한 것은 '모르면 모른다'라고 솔직히 말하는 것이다.

하지만 많은 학생들은 이 말을 쉽게 내뱉지 못한다. 친구들의 눈치를 보고, 모른다고 했을 때 돌아올 핀잔을 두려워한다. 어떤 이는 자신이 설명을 놓쳤다는 사실을 인정하기 싫어 입을 다문다. 하지만 진실은 결국 말해야 한다. 모른다는 고백은 부끄러움이 아니라 출발점이다. 그 자리에서부터 배움은 다시 시작되고, 스스로의 부족을 수용하는 순간 성장의 문이 열린다.

이 원칙은 단순히 공부만을 위한 것이 아니다. 옳다고 믿는 것을 당당히 말할 수 있는 용기, 잘못에 대해서는 그에 합당한 책임을 기꺼이 수용하는 태도는 삶을 살아가는 데 있어 가장 소중한 자산이다. 이러한 진리가 몸과 마음에 스며든 학생은 학문뿐만 아니라 삶에서도 자유로워진다. 배움이 더 이상 고통스러운 짐이 아니라, 자신을 단단히 세우는 길이 되기 때문이다.

나는 또한 집중의 가치를 강조했다. 아는 문제를 다루면서 정답률을 높여야 하는 이유는 단순히 성적 때문이 아니다. 학습은 곧 올바른 판단을 반복하는 훈련이며, 그 판단의 질이 곧 삶의 질로 이어진다. 문제를 잘못 풀었을 때의 책임은 전적으로 학생에게 있다. 상과 벌은 그 책임을 일깨우는 장치다. 이를 통해 학생은 스스로의 선택이 어떤 결과를 가져오는지 똑똑히 배우게 된다. 그 과정에서 집중력은 강화되고, 신중함은 습관이 된다.

이러한 훈련을 통해 학생은 단순히 성적이 오르는 기쁨만을 누리지 않는다. 그는 자기 자신과 마주할 용기를 배우고, 순간순간의 선택 속에서 삶을 새롭게 빚어 가는 법을 배운다. 수학은 그 길을 안내하는 도구일 뿐, 궁극적으로는 인간을 성장시키는 거울이었다.

현대 교육학은 이를 '메타인지'라고 부른다. 자신이 무엇을 알고, 무엇을 모르는지를 분별하는 힘. 그 힘은 단순한 공부 기술이 아니라 삶 전체를 관통하는 통찰이다. 문제를 풀며 집중과 책임을 경험하는 것은 두뇌의 판단력과 자기 통제력을 기르는 동시에, 장차 사회 속에서 마주할 수많은 도전에 대응할 준비를 시켜준다.

이 지속적 훈련이 쌓이면 학생은 언젠가 깨닫는다. 자신이 공부를 잘하게 된 것만이 아니라, 삶의 태도 전체가 바뀌었음을. 모르는 것을 인정할 용기, 아는 것을 끝까지 해내는 집중, 잘못을 기꺼이 수용하는 책임. 이 세 가지는 삶의 기둥이 되어, 그 어떤 풍랑에도 흔들리지 않는 내면의 힘을 길러 준다.

결국 수학은 그 길로 이끄는 도구였을 뿐이다. 진정한 목적은 삶을 바로 세우는 힘이었다.

학원에서 1

중학교 1학년 학생이 있었다.

수학은 이미 포기한 듯 보였지만, 컴퓨터 게임만큼은 누구보다 잘했다. 나는 그 사실에서 희망을 보았다. 무엇이든 한 가지를 깊이 잘하는 힘이 있다면, 수학도 언젠가는 잘할 수 있다. 몰입과 집중은 언제든 다른 분야로 옮겨 올 수 있으니까.

처음에는 개념을 설명하고, 문제를 함께 풀며 이해를 확인했다. 그러나 아이는 여전히 따라오지 못했다. 설명은 공기 속에 흩어지고, 문제는 손끝에서 자꾸만 어긋났다. 그래서 나는 방식을 바꾸었다.

책 한 권을 꺼내 아이 앞에 밀어 놓았다.
"읽고, 풀이를 보고, 연습 문제를 풀어라. 질문은 언제든 해도 좋다. 단, 스스로 세 문제를 정확히 풀어내면 오늘은 집에 가도 된다. 시간은 무제한이다."

아이의 표정은 당황스러웠다. 하지만 이내, 마치 새로운 게임 프로그램을 처음 실행하듯 책장을 넘기기 시작했다. 집에 가고 싶다는 간절함이 집중력을 불러내고, 겨우 세 문제라는 조건이 적극적인 사고를 자극했다.

낯선 침묵이 흘렀다. 연필 끝은 종이를 긁었고, 계산 흔적이 켜켜이 쌓여 갔다. 한참을 끙끙대던 끝에 아이는 마침내 세 문항을 풀어냈다. 그 순간 얼굴에는 놀람과 기쁨이 뒤섞인 빛이 스쳤다.

나는 연습장의 끝자락, 삐뚤빼뚤 계산 흔적 사이 남은 작은 여백에 글씨를 남겼다.

'참 잘했습니다. 칭찬 부탁합니다.'

그리고 부모님의 서명을 받아 오라 했다. 단순한 확인이 아니라, 아이가 흘린 노력을 집으로 가져가 부모와 나누게 하려는 뜻이었다.

그 학생은 집에서도 인정받지 못하는 말썽꾸러기였다. 늘 누나들에게 치이고, 부모님의 꾸중을 듣는 일이 많았다. 그러나 그날만큼은 달랐다. 학원에서 '잘했다'는 칭찬을 받아 돌아간 아이의 어깨는, 조금은 당당해 보였다.

얼마 지나지 않아, 그의 성적표 속 수학 칸은 언제나 반짝였다. 문제를 대하는 태도도 달라졌고, 정답을 맞히는 기쁨은 다시 공부할 힘이 되었다. 작은 성공 하나가 쌓이고, 그 위에 또 다른 첫 경험들이 차곡차곡 얹히면서 아이의 내면은 단단해져 갔다.

나는 그 모습을 보며 다시 깨달았다.

짧은 다섯 글자, '참 잘했습니다'라는 말이 때로는 아이의 삶을 바꾸는 시작이 될 수 있음을.

학원에서 2

다른 과목은 곧잘 하는데, 유독 수학만 안 되는 예비 고등학생이 있었다.

겨울 방학을 맞아 큰 각오로 학원을 찾아왔다. '이번 방학 동안 수학을 잡겠다'는 결심이었다. 그는 두 강좌를 신청하며, 고등학교 2학년 과정까지 선행을 끝내고 싶다고 했다.

그러나 막상 시작해 보니 첫 단원인 집합조차 제대로 이해하지 못했다. 진도를 나아갈 수가 없었다. 고등학교 1학년 과정은 물론, 고등학교 2학년 과정은 더더욱 불가능했다. 학생은 답답했고, 부모는 불안했다.

나는 제안을 했다.
"한 달 동안 집합만 합시다. 기초가 흔들린 채 넘어가면 언젠가 다시 돌아와야 합니다. 이해되지 않은 채로 진도를 나가는 것은 의미가 없습니다."

내 말은 일반적이지 않았다. 부모는 선뜻 받아들이지 못했고, 학생도 낯설어했다. 그러나 나는 설득했다. 기초를 세우는 것만이 길이라는 것을. 결국 부모와 학생은 동의했고, 그날부터 매일같이 '집합(集合)'만 붙잡았다.

기본 개념에서부터 심화 문제까지, 정답률이 낮으면 엄벌을 내렸다. 대신 질문은 무엇이든 허락했다. 서툰 질문도, 동문서답 같은 질문도 모두 받아 주었다. 중요한 것은 결국 자기 힘으로 이해의 벽을 넘게 하는 것이었다.

마침내는 당연한 결과가 찾아왔다. 정답률은 점점 높아지고, 해결되는 문항 수도 늘어났다. 무엇보다 질문의 질이 달라졌다. 아이의 말에는 윤기가 돌기 시작했고, 표현 속에는 수학의 학문적 냄새가 배어 나왔다. 서술형 문제의 다양함 속에서 스스로 동질감을 찾아내며, 사고의 깊이가 생겨났다. 조금씩 수학적 감각이 깨어났다.

처음에는 추상적인 기호와 규칙의 나열에 불과했던 집합이, 이제는 사고를 조직하는 도구로 다가왔다. 학생은 집합의 학문적 가치를 작게나마 깨닫기 시작했다.

그리고 시간이 흘러, 그는 고등학교 내내 수학 성적에서 늘 우등생이었다. 어느 날 나를 찾아와 이렇게 말했다.
"이제는 학원에 안 와도 되겠습니다."

그 학생에게 일어난 변화는 단순한 성적 향상이 아니었다. 집중하는 훈련을 통해 뇌가 개발되고, 사고력이 자라난 것이었다. 사고력은 하루아침에 생기지 않는다. 오직 사고하는 연습을 통해 가능하다. 무슨 특별한 비법이 있겠는가. 시간과 노력의 투자 없이 이룰 수 있는 길은 없다.

생각 혹은 의식을 한곳에 모아 돋보기처럼 집중하면, 그 자리에 기운이 모이고 형상을 바꾼다. 뇌는 그렇게 개발되고, 마침내 깨어난다. 그것이 학문의 길이요, 배움의 본질이었다.

세월이 지나며

세월이 흐르면서 나도 나이를 먹어 갔다.

한때는 가르치는 일이 내 삶의 중심이었지만, 어느 순간부터 학생을 지도하는 일에 예전만큼 흥미를 느끼지 못했다. 학부모의 마음을 얻기 위해 꾸며 낸 듯한 말을 건네는 것도 더는 하고 싶지 않았다. 현실 또한 녹록지 않았다.

어머니는 암으로 병원에 입원하셨고, 시골에 홀로 남으신 아버지는 보살핌이 필요했다. 교실 안팎으로 밀려드는 삶의 무게는 더 이상 외면할 수 없었다. 그즈음 나는 또 다른 도전이 필요함을 느꼈다. 그것은 뜻밖에도 노가다였다.

분필을 쥐던 손으로 이제는 망치와 시노를 잡아야 했다.

칠판 위에 수식을 그리던 손길이, 콘크리트를 깨고 철근을 비집는 거친 현장으로 옮겨졌다. 시노를 힘껏 비틀며 철근 사이를 벌리고, 망치질로 쇳덩이를 두드리는 날들이 시작되었다. 땀이 온몸을 적시고, 손바닥에는 굳은살이 박혔다. 그러나 그것 또한 또 하나의 수련 같았다.

처음에는 학원과 노가다를 병행했다.

낮에는 건설 현장에서 온몸으로 노동을 버텼고, 밤에는 다시 교실 불을 밝히고 학생들을 맞았다. 하루 종일 이어지는 이중의 삶은 내 어깨를 두 배로 짓눌렀다. 낮에는 철근과 콘크리트, 밤에는 수학의 기호와 문제들. 전혀 다른 두 세계를 오가며 나는 묘한 대비 속에서 하루하루를 살아 냈다.

막노동

수학을 잘하는 비법을 가졌다고 여겼지만, 현실은 그것을 허락하지 않았다.

가장 큰 걸림돌은 체벌이었다. 학생을 바르게 이끌어 보겠다는 진심에도 불구하고, 시대의 흐름과 내 방식은 어긋나 있었다. 결국 나는 학원의 문을 닫을 수밖에 없었고, 마지못해 발걸음을 옮긴 곳은 막노동판이었다.

처음엔 막막했다.

육체노동으로 생계를 이어 가겠다는 생각은 단 한 번도 해 본 적이 없었다. 그러나 막상 그곳에 서 보니, 선택의 여지는 없었다. 하루 종일 몸을 쓰며 버티는 일상이 곧 수행과도 같았다. 거친 바람과 땀에 젖은 작업복, 쇳덩이와 나무, 시멘트와 먼지 속에서 나는 묵묵히 하루를 살아 냈다. 하루를 끝까지 견뎌 낸 것만으로도 스스로에게 감사했고, '내일도 또 해낼 수 있다'는 다짐으로 하루를 마무리했다. 그렇게 시간이 쌓일수록 내 몸은 단단해졌고, 남다른 성실함을 인정받아 일당도 차츰 올라갔다.

노가다를 하면서 나는 인생의 또 다른 교과서를 배웠다.

첫 번째 깨달음은 노동의 엄청난 무게였다. 하루 결근한 뒤 다시 현장에 나가 보면, 이미 엄청난 양의 일이 진행되어 있는 것을 보고 놀라곤 했다. 내가 그 속에 있을 땐 미처 인식하지 못했지만, 그만큼 한 사람, 한 사람의 노동이 얼마나 큰 흐름을 만들어 내는지 새삼 깨달았다. 이 경험은 훗날 귀농하여 농사일을 할 때, 나의 열심을 이끌어 내는 원동력이 되었다. 한 사람의 땀방울이 쌓여 밭이 바뀌고, 계절이 변해 가듯, 그때의 체험은 농부로서의 삶을 준비시킨 소중한 밑거름이었다.

두 번째 깨달음은 '사람 사이의 정(情)'이었다.

노가다 판에서 만난 동료들과의 관계는 특별했다. 서로 다른 이유로, 다른 길에서 흘러들어 왔지만, 같은 땀방울을 흘리며 하루를 버텨 낸다는 공통점 하나만으로 우리는 깊이 연결되었다. 오래된 친구에게서조차 느끼지 못했던 끈끈한 동질감이 그곳에는 있었다. 허물없는 농담 속에도, 무거운 자재를 함께 들 때의 눈빛 속에도, 그 정은 살아 있었다. 그것은 돈으로도, 말로도 대신할 수 없는 값진 공감이었다.

세 번째 깨달음은 사람들의 치열한 삶이었다.

그곳에서 만난 이들은 저마다의 사정과 이유를 안고 나와 있었다. 어떤 이는 가족을 위해, 어떤 이는 빚을 갚기 위해, 또 다른 이는 단순히 하루를 살아 내기 위해. 각자 짊어진 삶의 무게는 달랐지만, 모두가 온 힘을 다해 살아가고 있었다. 그 치열한 땀방울을 지켜보며 나는 진심으로 고개가 숙여졌다. 내가 번 돈이 너무나 알차고 보람 있게 느껴졌으며, '할 수 있음' 자체에 감사하게 되었다.

물론 언제나 따뜻하고 아름답지만은 않았다. 때로는 억센 사람을 만나 큰소리를 치고, 격한 싸움에 휘말리기도 했다. 그러나 그런 경험마저도 나를 단단하게 다져 주었다. 갈등의 순간조차 삶의 한 부분이었고, 나는 그 속에서 강해졌다.

돌이켜보면 노가다는 단순한 노동이 아니었다. 그것은 삶의 학교였다. 몸을 써서 버티는 법을 가르쳐 주었고, 땀으로 연결되는 인간의 정을 알게 해 주었으며, 내가 앞으로 살아갈 농부의 길에 필요한 의지와 끈기를 심어 주었다.

학원에서의 좌절은 나를 무너뜨린 것이 아니라, 새로운 길로 밀어낸 것이었다.
그리고 그 길에서 나는 또 하나의 귀한 수확을 얻었다. 바로, 살아 있는 하루의 가치였다.

신성이란?

신성은,
처음에는 자율진동의 끝에 있었다.

몸이 떨리다 멈추는 그 자리에,
단무의 막바지,
기의 끝자락에 머물러 있었다.

신성은 내 의식의 끝이었다.
생각이 다다라 멈추는 지점,
그 너머의 빈 공간에서
아득히 빛처럼 드러났다.

신성은 몸으로도 찾아갈 수 있었고,
마음으로도 통할 수 있었다.
몸의 맥이 풀려 고요해질 때,
마음이 텅 비워 잔잔해질 때,
그 틈으로 신성이 들어왔다.

신성은 무한의 시간,
그리고 힘의 실체였다.
한 줄기 바람으로,
흐르는 강물로,
계절을 바꾸는 햇살로 나타났다.
보이지 않는 조화였고,
흐르는 자연이었으며,
세상을 묶는 질서이기도 했다.

신성은 나의 본성이었다.
가장 깊은 곳에서 나를 붙들고 있는 뿌리,
흔들리지 않는 중심,
어쩌면 나의 영혼 그 자체였다.

진아라 불러도 좋고,
양심이라 해도 다르지 않았다.
나는 그것을 때로는 목소리처럼 들었고,
때로는 그림자처럼 느꼈다.

신성은 나의 수호천사이기도 했다.
위험이 닥칠 때
보이지 않는 손길이 어깨를 끌어내듯,
나를 감싸고 보호해 주었다.
나는 그 힘을 여러 번 체험했고,

그 순간마다 더욱 확실히 알았다.

그러나 신성은 멀리 있지 않았다.
하늘 저 너머 특별한 자리에 있지 않았다.

신성은 내 안에도 있었고,
내 밖에도 있었다.

내 숨결 속에 머물렀고,
흙과 바람과 빛이 만나는 세상 속에 스며 있었다.
일상을 채우는 한 줌의 땀방울에도,
밤하늘을 가득 채운 고요에도,
신성은 함께 있었다.

나는 이제 안다.
신성은 기적 같은 순간만이 아니라,
평범한 하루의 모든 순간에 스며 있는 힘이라는 것을.

신성은 내 안의 본성이고,
세상의 질서며,
삶을 지켜 내는 가장 깊은 뿌리다.

이 시점에서 신성은

사람의 삶에는 누구에게나 설명할 수 없는 순간이 있다. 그것은 단순한 우연이라고 치부하기에는 너무 강렬하고, 그렇다고 이성으로만 설명하기에도 부족하다. 나에게 그러한 순간은 곧 신성과의 만남이었다. 목수로 일을 하던 시절, 나는 수없이 많은 위험을 맞닥뜨렸다. 그중에서도 지금도 잊히지 않는 사건이 있다. 어느 날, 크레인에 매달려 있던 거대한 자재 더미가 끊어진 줄을 따라 굉음을 내며 머리 위로 쏟아져 내렸다. 굵고 묵직한 관 파이프, 기다란 목재들이 한꺼번에 떨어지는 그 순간, 눈앞이 아득해지고 숨이 멎는 듯했다.

위기 앞에서 몸은 본능적으로 움직였다. 옆에서 함께 일하던 동료가 급히 몸을 피하는 것이 보였고, 나도 거의 동시에 그의 곁으로 몸을 던졌다. 순간적으로 그의 머리를 끌어안아 가슴 아래로 감싸 안았다. 작은 헬멧 하나로는 두 사람을 완전히 가릴 수 없었지만, 차라리 내가 대신 맞더라도 한 사람은 덜 다치기를 바라는 마음뿐이었다. 자재는 숨 막히는 기세로 우리를 덮쳤다. 동료는 어깨가 파열되고 온몸이 타박상으로 물들었으나, 나는 기적처럼 무사했다. 마치 투명한 손길이 내 몸을 감싸며 쇳덩이의 궤적을 비켜 가게 한 듯,

그 순간은 바람처럼 스쳐 지나갔다.

　목수로 지낸 칠팔 년 동안 이런 위험은 한두 번이 아니었다. 목재가 쓰러지고, 철근이 흔들리고, 크레인 줄이 끊어지는 일은 언제든 일어날 수 있었다. 그러나 이상할 정도로 나는 늘 큰 상처 없이 살아남았다. 단순한 운이라고 하기에는 횟수가 너무 잦았다. 그럴 때마다 내 마음속에는 한 가지 확신이 자리했다. 신성이 나를 그냥 두지 않으리라는 믿음이었다. 신성이 나를 오랫동안 단련시켜 온 데에는 이유가 있으며, 그렇기에 이런 사고로 허망하게 끝나도록 내버려 두지 않을 것이라는 확신 말이다. 시련 속에서 단련되고 배워 온 내가 쉽게 무너질 리 없다는 믿음은 나를 더욱 강하게 붙들어 주었다. 그래서 나는 매 순간 주어진 일을 묵묵히 해내며, 그것이 곧 잘 사는 삶이라고 생각했다.

　물론 예전의 신성은 다소 다르게 다가왔다. 내 의식을 깊숙이 파고들어 저항할 수 없는 체험 속으로 나를 몰아넣곤 했다. 때로는 달콤한 순간도 주었지만, 결국엔 무거운 통제로 이어졌다. 나를 이끌고, 밀어붙이고, 때로는 억누르기도 했다. 그러나 시간이 지나며 신성과 나의 관계는 변했다. 지금의 신성은 여전히 곁에 있지만, 더 이상 나를 옥죄지 않았다. 나는 자유를 느끼게 되었다. 하고 싶지 않은 말은 하지 않아도 되고, 허세를 부리지 않아도 되며, 억지로 과하게 먹을 필요도 없었다. 피곤하면 잠시 멈추고, 힘이 나면 다시 일어서면 되는 것이다. 이 단순한 자유는 오히려 나를 더욱 충만하게 했다. 미래를 준비하며 흘리는 땀은 더 이상 고통이 아니었다. 그것은 나 자신에 대한 투자이자 권리 그리고 삶이 준 선물이 되었다.

나는 한때 신비로운 능력들에 집착하기도 했다. 벽안 투시, 천리안, 유체 이탈, 기적의 약손 등 세상과는 다른 힘을 얻고 싶어 했다. 수련에 몰두하며 그것을 이루려 애쓴 적도 있었다. 그러나 신성은 끝내 허락하지 않았다. 당시에는 서운했지만, 지금 돌이켜 보면 그것이 오히려 현명한 선택이었다. 신성은 기적을 멀리서 찾지 말고, 내 삶을 내 손으로 일구는 그 자리에서 발견하라고 말해 주었던 것이다. 지금 내가 매일같이 땀 흘리며 삶을 일구어 가고 있는 이 모습, 이것이야말로 기적이었다. 남들이 보기에는 그저 막일꾼에 불과할지 몰라도, 두려워하던 일을 이제는 당당히 해내고 있는 나는 충분히 자랑스러웠다.

돌아보면 신성은 처음부터 나를 이 자리로 이끌기 위해 곁에 있었던 듯하다. 수많은 시련은 나를 무너뜨리기 위한 것이 아니라 단단하게 다듬기 위한 과정이었다. 아직 기대와 아쉬움은 남아 있지만, 나는 이제 이렇게 스스로에게 말한다.
"갈 수 있는 데까지 가 보자. 힘들면 잠시 멈춰도 괜찮다. 삶은 걸음과 쉼 그리고 다시 일어섬의 연속이니."

삶은 멀리 있는 거창한 기적을 좇아야만 빛나는 것이 아니었다. 두려움을 딛고 하루하루를 버티며 살아 내는 것, 그 평범한 날들 속에서 신성은 내 숨결과 함께 있었다. 기적은 멀리 있지 않았다. 지금 내가 이렇게 살아 내고 있는 순간, 그것이 곧 기적이었다.

허리 디스크와 단전

허리 디스크는 흔히 서양의학에서 추간판 탈출이라 부른다. 척추 뼈 사이의 연골판이 밀려 나와 신경을 누르기 때문에 허리가 아프고, 다리가 저리고, 때로는 걸음마저 힘들어진다고 한다. 그러나 나는 여기서 더 근원적인 원인을 본다.

인간은 직립 보행을 선택한 순간부터 허리에 끊임없는 부담을 안게 되었다. 네 발로 다니던 존재가 두 발로 일어서면서, 척추는 중력의 무게를 온전히 떠맡아야 했다. 그 부담이 시간이 쌓여 허리라는 약한 고리를 무너뜨린다. 그래서 나는 허리 디스크를 비롯한 많은 병증의 뿌리를 직립 보행에서 찾는다.

그러나 그것은 단순히 뼈와 근육의 문제가 아니다. 내가 오랜 수련과 체험 속에서 보아 온 것은, 몸에 병증이 있는 이들의 공통된 모습이다. 바로 단전이 불안정하게 무너져 있다는 사실이다. 단전은 단순한 뱃속의 기관이 아니다. 생명의 불씨이자 기운의 밭이다. 이곳이 허물어지고 기운이 흐르지 못하면, 몸은 어느 한 부분부터 균형을 잃고 병을 드러낸다.

디스크 또한 예외가 아니다. 허리가 아픈 것은 단순히 연골이 튀어나와 신경을 누르는 현상으로 끝나지 않는다. 단전이 무너지고 기운이 막히면 척추의 기둥마저 힘을 잃는다. 그러니 치료의 길도 단전의 복구에서 시작해야 한다. 단전이 다시 바로 서고, 그곳에서 생성된 기운이 경락과 혈맥을 따라 온몸에 고르게 흘러가면 허리의 부담은 분산되고, 막혔던 통증은 서서히 풀려나간다.

나는 많은 병이 이 원리를 따른다고 본다. 몸을 고치려면 먼저 기운의 뿌리를 바로 세워야 한다. 디스크도 마찬가지다. 약을 먹고 수술을 하는 것도 필요할 때가 있겠지만, 근본은 단전을 세우고 기운의 길을 열어 주는 데 있다. 그것이 바로 신성이 우리 몸에 심어 둔 회복의 원리이자, 생명이 스스로 살아 내려는 힘이다.

목 디스크와 일자 목
그리고 단전의 가설

많은 의학적 지식은 목 디스크와 일자 목의 원인을 곧바로 목에서 찾으려 한다. 목뼈의 퇴행, 잘못된 자세, 장시간의 생활 습관을 주범으로 지목한다. 그러나 내 견지에서 볼 때, 그 뿌리는 다른 데 있다. 디스크 증상이 있는 사람들 가운데 상당수는 이미 단전이 파괴되어 있고, 척추가 미세하게 뒤틀려 있을 가능성이 크다.

척추 주변에는 온몸으로 기운을 퍼뜨리는 수많은 경락이 분포해 있다. 단전은 마치 물이 가득 차 있어야 하는 연못과 같고, 경락은 그 물이 흘러가야 할 물고랑이다. 연못에 물이 충만하지 않으면, 고랑은 제 역할을 하지 못하고 결국 변형을 겪는다. 그리고 마침내 논밭은 제때 물을 받지 못해 가뭄을 겪게 된다.

목 디스크나 일자 목은 단지 목에서만 나타나는 병증이 아니다. 그것은 몸 전체의 기운이 막히고 흐르지 못하는 징후며, 그에 비례해 다른 부위에서도 병증이 동반될 수 있다. 목은 특히 뇌로 이어지는 길목이므로, 이곳에 문제가 생기면 머리에 달린 여러 기관들 또한 영향을 받을 수밖에 없다. 두통, 눈의 피로, 어지럼증, 집중력 저하와 같은 증상들이 함께 찾아오는 것도 그 때문이다.

　자세는 직접적인 원인 동기가 될 수 있다. 오랜 시간 잘못된 자세로 살아온 결과 목이 일자로 굳어지고, 거북목이 되고, 결국 디스크로 발전하는 것이다. 그러나 그것은 단지 드러난 결과일 뿐, 근본적 해결책은 아니다. 단전을 복구하고, 그곳에서 생성된 기운이 경락과 혈맥을 따라 고르게 흐르도록 하는 것. 그것이야말로 목 디스크와 일자 목을 근본에서 고칠 수 있는 길이다.

명현 반응(明賢反應)

　명현 반응은 수련이나 치유, 해독 과정에서 흔히 나타나는 현상으로, 몸이 회복되는 과정에서 일시적으로 불편한 증상이 드러나는 것을 말한다. 한의학에서는 이를 정기(正氣)가 회복되면서 사기(邪氣)가 밀려 나오는 반응으로 설명하고, 자연치유학에서는 체내에 쌓였던 독소가 배출되며 나타나는 과도기적 현상으로 이해한다. 현대의학적으로는 자율신경계의 균형 변화, 혈류와 대사 작용의 급격한 전환 과정에서 일시적으로 두통·피로·어지럼증·피부 반응 등이 발생하는 것으로 볼 수 있다.

　명현 반응의 본질은 몸속의 오래된 탁함이 정리되는 과정이다. 평소 잘 드러나지 않던 노폐물이나 불균형이 수련과 운동, 단식, 생활 교정 등을 통해 흔들리고 배출되면서 몸은 잠시 혼란을 겪는다. 이때 두통이나 어지럼증, 설사, 발진, 근육통, 갑작스러운 피로와 같은 증상이 나타날 수 있다. 어떤 이는 이를 병의 악화로 오해하지만, 실제로는 몸이 새로운 균형으로 넘어가기 전에 거쳐야 하는 일시적인 과정일 수 있다.

중요한 것은 명현 반응과 병의 악화의 구분이다. 명현 반응은 대개 며칠에서 몇 주 사이에 나타났다가 사라지며, 그 후 몸이 오히려 더 가볍고 편안해지는 변화를 동반한다. 반대로 시간이 지날수록 증상이 심해지고, 회복되지 않으며 생활 기능을 떨어뜨린다면 이는 명현 반응이 아니라 실제 질환의 악화로 보아야 한다. 이 구분이 없으면 불필요한 두려움이나 잘못된 자기 암시로 몸을 해칠 수 있다.

나는 수련의 길 위에서 명현 반응을 여러 차례 보았다. 수련은 개별 증상만을 겨냥하는 처방이 아니라, 몸 전체를 조율하고 근본에서 변화시키는 과정이다. 그 과정 속에서 잠시 나타나는 불편은 몸이 새로운 균형을 준비하는 징후라 할 수 있다. 따라서 명현 반응은 두려움의 대상이 아니라, 몸이 치유를 향해 나아가고 있음을 알려주는 신호다.

무엇보다도, 제대로 수련을 쌓아 온 사람에게 명현 반응은 큰 고통으로 다가오지 않는다. 이미 몸 안에 맑은 기운이 비축되어 있어 불편은 일시적일 뿐이며, 그 뒤에는 더욱 깊은 안정과 맑음이 기다리고 있다.

결국 명현 반응은 빛과 어둠이 교차하는 반응이다. 잠시 어둠이 스쳐 가는 것처럼 보이지만, 그 끝에는 빛이 기다리고 있다. 몸은 본래 스스로 회복할 힘을 지니고 있으며, 명현 반응은 그 힘이 드러나는 과정에 지나지 않는다. 어둠을 두려워하지 않고 받아들일 때, 우리는 한층 더 깊은 치유와 성장의 문턱을 넘어설 수 있다.

위장병에 대한 나의 가설

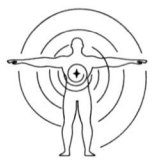

양의학과 한의학은 오늘날 우리의 건강을 지탱하는 두 축이다. 설명 방식은 서로 다르지만, 두 학문 모두 위장을 단순한 장기가 아니라 생명을 유지하는 핵심 기관으로 본다는 점에서 만난다.

현대의학은 위장병의 원인을 비교적 세밀하게 규명해 왔다. 헬리코박터 파일로리균의 감염, 진통제나 소염진통제 같은 약물의 장기 복용, 불규칙한 식습관, 과도한 음주·흡연, 만성 스트레스가 대표적이다. 그 결과 위점막이 손상되고, 염증이나 궤양이 생기며, 역류나 기능성 소화불량 같은 다양한 증상이 나타난다. 현대의학은 위산억제제, 점막 보호제, 제균 치료를 처방하지만, 결국 의사들이 한결같이 강조하는 것은 생활 습관의 교정이다. 식사 시간을 규칙적으로 지키고, 과식과 야식을 줄이며, 맵고 짠 자극적인 음식을 피하고, 금연·절주, 스트레스 관리가 근본 해법으로 제시된다.

한의학에서도 위장은 단순한 소화기관이 아니다. '비위(脾胃)'라 하여 기와 혈을 만드는 근본으로 본다. '비위는 기혈생화의 근본(氣血生化之源)'이라는 말은 단순한 수사가 아니다. 비위가 튼튼해야 영양이 온전히 기와 혈로 전환되고, 그 기혈이 온몸의 오장육부를 적셔 생명이 지속된다. 한의학은 원인을 세밀하게 나눈다. 열이 치솟아 위장을 덥히는 위열(胃熱), 선천적 혹은 후천적 허약에서 오는 비위허약(脾胃虛弱), 간의 기운이 억눌러 소화를 방해하는 간위불화(肝胃不和), 습기와 담이 쌓여 막히는 담습저체(痰濕阻滯) 등이 그것이다. 원인에 따라 평위산·반하사심탕·보중익기탕 같은 한약이 쓰이고, 족삼리·중완·내관 같은 혈자리에 침과 뜸을 놓아 소화기를 조율한다.

나는 이 두 설명을 모두 존중한다. 그러나 내 견지에서 위장은 단순한 소화기관이 아니다. 그것은 곧 단전의 일부, 에너지를 만들어 내는 공장이다. 음식물이 위에서 잘게 부서지고 단전의 불기운을 받아 소화될 때, 비로소 영양분이 기와 혈로 전환되어 온몸에 퍼진다. 위장이 무너진다는 것은 곧 에너지 공장이 파괴된 것과 같다. 공장이 멈추면 생산이 끊기고, 그 여파로 나라 전체가 흔들리듯, 위장이 파괴되면 몸 전체가 흔들린다. 단순히 소화가 안 되는 데서 끝나지 않고, 만성 피로와 무기력, 면역력 저하, 두통과 불면, 심지어 마음의 병까지 동반된다.

이때 필요한 것이 바로 단식이다. 단식은 위장에 주어지는 가장 확실한 휴식이자 정화의 시간이다. 음식이 들어오지 않아도 살아 있는 장은 스스로의 리듬을 따라 쉼 없이 움직인다. 그 움직임 속에서 남아 있던 찌꺼기가 밀려 나가고, 손상된 세포는 자가포식(autophagy)의 과정으로 스스로 재정비한다. 마치 오래된 빨래가 물

살에 흔들리며 더러움이 벗겨지듯, 몸은 안에서부터 깨끗해진다. 단식은 위장을 단순히 쉬게 하는 데 그치지 않고, 몸 전체가 스스로 씻어 내고 새로워지는 계기가 된다.

그러나 단식만으로 충분하지 않다. 위장의 운동을 다시 일깨워야 한다. 이때 단전치기와 같은 수련은 위장을 직접 자극해 고유의 리듬을 되살린다. 단전치기의 반복적 충격은 위와 장을 흔들어 정체된 기운을 풀어내고, 노폐물을 배출하도록 돕는다. 여기에 적당한 걷기·호흡 운동을 더하면 정화 작용은 한층 촉진된다. 위장이 회복되면 단전의 불씨가 다시 타오르고, 단전이 살아나면 온몸으로 에너지가 흘러간다. 결국 위장의 회복은 단전의 부활이며, 이는 곧 생명력의 부활이다.

위장병은 단순한 의학적 질환을 넘어, 삶의 방식이 남긴 상처라 할 수 있다. 욕심과 무절제, 불안과 스트레스가 위장을 병들게 한 것이다. 따라서 치료의 길은 명확하다. 자신의 몸을 사랑하는 모든 행위-현대의학이 권하는 생활 습관 교정, 한의학이 전하는 기와 혈의 균형, 내가 체득한 단전 수련과 단식·운동-가 모두가 위장을 살리는 길이다. 이 길은 결국 하나로 모인다. 몸을 바로 세우고, 기운을 돌리며, 스스로를 아끼는 것. 이것이야말로 위장병을 치유하는 근본 처방이다.

덧붙여 말하자면, 위장은 단지 개인의 건강에만 그치지 않는다. 위장은 곧 마음과도 연결된다. 속이 편해야 마음이 편하고, 마음이 고요해야 위장도 안정된다. 그래서 옛사람들은 "속이 편하면 모든 것이 편하다(胃安則百事安)"고 했다. 결국 위장은 몸과 마음을 잇는 교차로며, 에너지의 창고이자 정신의 거울이다.

당뇨병에 대한 나의 가설

현대의학적 이해

현대의학은 당뇨병을 혈당 조절 능력의 상실로 정의한다. 인슐린이라는 호르몬이 충분히 분비되지 않거나, 세포가 인슐린의 신호를 거부하는 '저항성'이 생기면, 포도당은 세포 속으로 들어가지 못한다. 결국 혈액 속에 당이 과잉으로 남아 혈관과 신경, 장기를 손상시키며, 다양한 합병증으로 이어진다.

이 현상은 내가 말하는 웅덩이와 도랑, 논밭의 비유로도 설명할 수 있다. 혈당은 논밭으로 흘러들어야 할 물과 같지만, 세포가 받아들이지 못하면 논밭은 메말라 간다. 논밭이 물을 거부하는 것은 곧 세포가 에너지를 거부하는 상태, 즉 인슐린 저항성이다.

현대 연구에 따르면, 운동과 깊은 호흡은 인슐린 감수성을 개선하는 데 직접적인 효과가 있다. 이는 내 주장의 과학적 근거라 할 수 있다.

한의학적 이해

한의학에서는 당뇨병을 '소갈(消渴)'이라 불렀다. 여기에는 전통적으로 '삼다(三多)'라 하여, 다음(多飮)·다식(多食)·다뇨(多尿)가 핵심 증상으로 꼽힌다.

한의학은 그 원인을 음허(陰虛), 진액 부족, 비신(脾腎)의 허약으로 설명한다. 특히 비위(脾胃)가 허약해져 기혈을 제대로 만들지 못하면, 곧 웅덩이가 메말라 가는 것과 같다. 또한 화기(火氣)가 치성하다는 것은 다른 한편에 음기가 뭉쳐 있음을 간과한 결과일 수 있다. 병은 어느 한쪽의 과잉이 아니라 흐름의 막힘에서 비롯된다.

나의 가설- 자연치유력과 웅덩이의 비유

나는 당뇨병을 단순한 혈당의 문제로 보지 않는다. 그것은 곧 면역력 부족, 자연치유력의 결핍이다.
자연치유력은 상처를 아물게 하고, 병균을 몰아내며, 몸을 회복하게 하는 힘이다. 이 힘이 약해지면 혈당도 조절되지 못한다.

이를 설명하기 위해 나는 웅덩이-도랑-논밭의 비유를 든다.

웅덩이는 생명 에너지를 저장하는 자리, 도랑은 그 에너지를 전달하는 길, 논밭은 세포와 장기다.
웅덩이에 맑은 물이 늘 가득 차 흘러넘치면 도랑이 조금 막혀 있어도 논밭은 살아난다. 그러나 웅덩이가 메말라 버리면 도랑이 아무리 멀쩡해도 논밭은 갈라진다. 많은 병은 결국 웅덩이의 고갈에서 시작된다. 당뇨병은 그 대표적인 예라 할 수 있다.

음양의 조화와 병의 시초

몸은 본래 음양의 균형 속에서 건강을 유지한다. 그러나 맑은 단전의 온기가 제대로 돌지 않으면, 양기와 음기가 조화를 이루지 못하고, 어딘가에 뭉쳐 흐르지 못한다. 이 막힘이 곧 병의 시초다.

화기가 치성하여 몸속을 태운다고 설명하는 것은 그 반대편의 음기 뭉침을 간과한 것일 수 있다. 마찬가지로 음기가 강하게 드러날 때는 양기가 다른 곳에 갇혀 있는 것이다. 결국 병은 한쪽의 과잉이 아니라, 순환이 막힌 데서 비롯된다.

막힘을 풀어내는 길 - 장기를 움직이는 행위

이 막힘을 풀어내는 방법은 장부를 움직이게 하는 것이다. 걷기, 단전치기, 땀을 내는 활동 등은 몸속 깊은 곳을 흔들어 막힌 흐름을 풀어 준다.

여기에 길고 깊은 호흡도 도움이 된다. 들숨은 횡격막을 내려 장기를 눌러 주고, 날숨은 다시 올려 장기를 풀어 준다. 이 과정은 복부 전체에 파동을 일으켜 평소에는 닿기 어려운 장의 깊은 곳까지 자극을 준다. 그 결과, 혈류가 개선되고, 간·췌장 같은 대사 기관의 기능이 돋워진다.

짧고 가쁜 호흡은 폐와 어깨에만 머물지만, 길고 깊은 호흡은 장기를 부드럽게 흔들어 기와 혈의 순환을 돕는다. 이것은 특별한 기술이라기보다, 몸을 움직이는 행위 중 하나로 장부의 생기를 도와주는 것이다.

자연치유력과 자가포식

최근 의학은 단식이나 운동, 깊은 호흡이 세포의 '자가포식(autophagy)'을 촉진한다는 사실을 밝혀냈다. 자가포식은 세포 안의 노폐물을 청소하고, 새로운 에너지를 만들어 내는 과정이다. 이는 내가 말하는 웅덩이의 맑은 물이 다시 차오르는 과정과 같다.

즉, 현대과학의 발견은 나의 가설과 맞닿아 있다. 몸을 움직이고, 장기를 자극하며, 자연스러운 호흡과 생활을 바로잡는 행위가 곧 웅덩이를 살리고, 도랑을 열고, 논밭을 적시는 길이다.

걷기의 한계

걷기는 가장 쉽고도 보편적인 운동으로 널리 권장되어 왔다. 그러나 이미 장기간 걷기를 습관화한 이들에게는 새로운 자극을 제공하지 못한다. 신체는 반복된 자극에 적응하기 마련이므로 동일한 운동만으로는 장기의 활력을 온전히 되살리기 어렵다. 따라서 당뇨병 관리에 있어 걷기만으로는 분명한 한계가 있으며, 장기와 근육에 새로운 형태의 자극을 부여할 수 있는 대체적 운동이 요구된다.

호보법(虎步法)의 의의

이 대안으로 제시되는 것이 바로 호보법이다. 호랑이의 보법을 모방한 이 운동은, 네 발로 걷는 자세에서 척추의 굴신과 회전, 복부 장기의 압박과 이완을 동시에 유도한다.

현대의학적 관점에서 호보법은 복부 내압의 변화를 통해 장의 연동운동(peristalsis)을 촉진하고, 척추 운동을 통해 신경 자극과 근막 이완, 혈류 개선을 도모한다.

한의학적 관점에서는 비위(脾胃)와 신장의 기운을 북돋우며, 기혈의 원활한 순환을 돕는 수련으로 이해된다.

맑은 공기를 들이마시며 산에서 수행할 때 그 효과는 배가되며, 오랫동안 정체되어 있던 척추와 장기에 새로운 활력을 불어넣는다. 이는 마치 녹슨 쇠사슬이 흔들려 다시 윤기를 되찾는 과정과도 같다.

단전치기의 한계

단전치기는 단전과 장부를 자극하여 심신의 정화를 돕는 수련이다. 그러나 독학으로 바른 방법을 터득하기는 쉽지 않고, 지도자의 부재 역시 큰 걸림돌이 된다. 따라서 단전치기를 보편적 치료법으로 권장하기에는 현실적 제약이 있다. 이에 비해 호보법은 특별한 지식이나 도구가 필요하지 않으며, 누구나 쉽게 시도할 수 있는 대안적 운동으로서 현실적 의의가 크다.

내 몸을 바라보는 눈

무엇보다 중요한 것은 특정한 운동법 자체가 아니라 자신의 몸을 바라보는 눈이다. 이 글을 읽는 과정에서 자연스레 자기 몸에 대한 관찰이 일어나고, "나는 지금 어디가 막혀 있는가, 어떤 자극이 나를 새롭게 하는가?"라는 물음을 던지게 된다. 이 물음이 곧 깨달음이며, 깨달음이 치유의 시작이다.

수긍되는 부분이 있다면 그것만으로도 충분한 가치가 있다. 왜냐하면 바로 그 순간 뇌 속에서 새로운 안목이 발동하고, 그것이 몸과 삶을 변화시키는 불씨가 되기 때문이다. 결국 치유란 외부에서 주어지는 것이 아니라, 스스로를 관찰하고 깨닫는 순간에 시작된다.

당뇨와 식습관에 대한 나의 관점

사람들은 당뇨병 관리에 있어 늘 같은 이야기를 한다.
흰쌀밥 대신 잡곡밥을 먹고, 살코기와 생선으로 단백질을 보충하며, 튀김 대신 올리브유와 견과류를 권한다.
단 음식을 철저히 제한하고, 짜지 않게 먹으며, 하루 세 끼를 규칙적으로 챙기라는 것이다.

교과서 속에 늘 등장하는 이 원칙들은 분명 참고할 만한 가치가 있다.

그러나 나는 그 모든 기준을 절대적인 진리라 여기지 않는다.
왜냐하면 면역 체계가 무너지고 장이 제힘을 잃었을 때는, 아무리 좋은 음식을 먹어도 그 영양을 온전히 받아들일 수 없기 때문이다.
몸속 공장이 멈추었는데 원료만 들이붓는다고 돌아가겠는가.
따라서, 중요한 것은 음식의 격을 따지는 일이 아니라, 내 장이 부담 없이 소화하고 흡수할 수 있는 상태를 마련하는 일이라 나는 믿는다.

그래서 나는 단순한 다섯 가지 원칙을 세웠다.

첫째, 소량의 식사.
둘째, 규칙적인 리듬.
셋째, 자극적인 음식은 피할 것.
넷째, 내 소화력이 감당할 수 있는 음식.
다섯째, 적절히 영양이 포함된 식사.

이 다섯 가지면 충분하다. 너무 많은 지침은 오히려 사람을 지치게 하고, 결국 지켜 내지 못하게 만든다.

그러나 무엇보다 더 근본적인 것은 따로 있다.
그것은 바로 자신의 몸을 바라보는 눈이다.
어떤 음식을 먹었을 때 속이 편안했는지, 혹은 무거워졌는지.

어떤 습관이 활력을 주었고, 또 어떤 습관이 기운을 빠지게 했는지. 그 모든 것을 세밀히 관찰하는 일이다.

몸을 관찰하는 순간, 우리는 알게 된다.
내게 이로운 것이 무엇인지, 해로운 것이 무엇인지.
그 깨달음이 곧 치유의 시작이다.
멀어졌던 나 자신과 다시 가까워지고, 마침내 내 몸과 대화하는 경지에 이르게 된다.
그곳에서 우리는 비로소 완벽한 자연치유력을 만난다.

당연히 이것만으로 치유를 보장받을 수는 없다.
앞에서 소개한 여러 운동들이 함께 병행되어야 한다.
그리고 내 이론을 제대로 이해한다면, 그 운동법들은 일정한 틀에 갇히지 않는다.
누구든 자신의 상황과 몸의 상태에 맞게 다양하게 변형할 수 있으며, 그렇게 될 때 비로소 그 사람만의 길이 열리게 된다.

여기에 반드시 더해져야 할 것이 있다. 바로 와칭(watching), 곧 자신을 지켜보는 일이다.
단순히 운동법을 따라 하는 것에 머무르지 말고, 자신에게 일어나는 모든 것을 주의 깊게 관찰해야 한다.
그렇게 제대로 관찰하게 되면, 자신의 몸에서 들려오는 수많은 소리를 듣게 될 것이다.
어떤 것은 신음처럼, 어떤 것은 절규처럼 다가올 수 있다.

그 소리를 놓치지 않고 귀 기울일 수 있을 때, 그것이 곧 치유의 시작이 된다.

그리고 이는 단순히 몸만 고치는 차원을 넘어, 영혼까지 밝히는 첫걸음이 될 수 있다.

몸을 낫게 하는 특별한 음식은 없다.

만약 단번에 병을 고치는 음식이 있다면, 그것은 더 이상 음식이 아니라 이미 약으로 등록되었을 것이다.

그래서 나는 좋은 것을 끝없이 찾아 헤매는 대신, 오히려 나쁜 것을 멀리하는 것이야말로 최고의 보약이라고 믿는다.

몸을 해치는 습관과 음식을 끊고, 장부에 부담을 덜어 주는 순간, 몸은 스스로 회복의 길을 걷기 시작한다.

무릎 관절염-
내 안의 의식으로 회복하다

관절염, 특히 무릎 관절염은 인류가 직립 보행을 시작하면서부터 생겨난 병이다.

우리는 두 발로 서며 손을 자유롭게 썼지만, 그 대가로 하중의 중심이 무릎과 척추에 집중되었다.

중력의 힘을 제대로 분산시키지 못하고 그대로 연골이 받게 되면 연골은 점차 닳고, 마찰이 커지며, 통증이 시작된다.

하중의 병, 균형의 문제

무릎 관절은 체중의 3~6배에 해당하는 압력을 견디며 걷고, 계단을 오를 때는 8배까지 증가한다.

이처럼 중력이 곧 관절의 운명을 결정한다.

그러므로 관절염은 단순히 노화의 결과가 아니라, 하중의 불균형에서 비롯된 병이라 할 수 있다.

몸의 한쪽만 쓰거나, 특정 자세를 오래 유지하는 직업은 관절의 정렬을 조금씩 틀어지게 한다.

매일 같은 방향의 동작을 반복하면 근육과 인대의 균형이 무너지고 결국 무릎 관절이 비틀리며 염증이 생긴다.

골고루 자극을 주어야 하는데, 한쪽 방향으로만 움직이면 탈이 나는 것이다.

뼈와 장의 관계

뼈가 약한 것도 무릎 관절염의 중요한 원인이다.

그런데 이 약화는 단순히 칼슘 부족이 아니라 면역 체계의 붕괴 그리고 장의 불균형에서 비롯된다.

장은 우리 몸의 중심이자 면역의 근원이다.
장이 막히면 피가 탁해지고, 피가 탁해지면 뼈와 관절이 약해진다.
최근 의학에서도 '장-면역-관절 축(Gut-Joint Axis)'이 논의된다.
장의 미생물 균형이 무너지면 류마티스 관절염 같은 염증성 관절 질환이 심해진다는 연구도 많다.
즉, 장의 건강을 회복하지 않으면 관절의 근본적 회복도 어렵다.

단전의 복구

만약 내 무릎이 좋지 않다면 나는 제일 먼저 단전부터 복구할 것이다.
단전은 에너지의 중심이자 몸 전체의 축을 바로 세우는 근원이다.

단전이 약해지면 중심이 흐트러지고, 허리와 하체가 함께 무너진다.

단전이 깨어나면 자세가 곧고, 중력이 고르게 분산되어 무릎의 하중이 줄어든다.

단전은 단지 기(氣)의 저장소가 아니라, 몸의 구조적 균형을 되찾는 생체의 기준점이다.

새로운 자극, 휴식의 균형

금연과 금주, 가벼운 식사, 적당한 운동은 기본이다.
그러나 진정한 회복은 평소 하지 않던 움직임에서 시작된다.
그 이유는 간단하다.
그동안 자극받지 못하던 세포를 깨우는 동시에, 혹사당하던 조직에는 휴식을 주기 때문이다.

무릎관절의 회복은 단순히 운동의 문제가 아니라 몸 전체의 리듬을 새롭게 조정하는 일이다.
매일 같은 일을 반복했다면, 때로는 그 패턴 자체를 바꾸는 것이 필요하다.
직업을 바꾸거나 생활 방식을 바꾸는 것도 하나의 치유 방법이 될 수 있다.

내 안의 의식을 활용하여

가장 완전한 회복의 길은 내 안의 의식을 활용하는 것이다.
단전을 완전히 복구하고 그 중심에서 일어나는 자율진동을 통해 관절 주변의 탁한 기운을 뽑아내고, 뼈와 조직에 새로운 에너지를 채워 넣는 것이다.

이때의 진동은 단순한 떨림이 아니다.
의식이 몸의 각 세포와 공명하여 스스로 정화하고 재생하는 작용이다.
이는 과학적으로 말하면 혈류의 순환과 세포의 대사가 활성화되는 과정이기도 하다.

그러나 이 길은 결코 쉽지 않다.
단전이 깨어나는 과정에는 통증과 혼란이 따르고, 오랜 습관과 게으름을 버려야 하기 때문이다.
하지만 그 고비를 지나면 몸은 스스로의 회복 능력을 되찾는다.
그때의 평온과 무통은 그 어떤 약이나 수술로도 대신할 수 없는 선물이다.

결론- 균형의 의식

무릎 관절염은 하중의 병이자 균형의 병이다.
중력과 체중, 사용과 휴식, 외부 자극과 내적 에너지의 불균형이 모두 그 원인이다.

약이나 시술은 임시방편일 뿐, 몸의 중심과 마음의 습관을 함께 바로잡지 않으면 다시 원점으로 돌아간다.

단전을 복구하고, 장을 정화하며, 내 안의 의식으로 자율진동을 일으키는 것. 그것이 관절염을 넘어 몸 전체의 생명력을 회복하는 길이다.

가족의 병

상실과 무력함의 깊은 고독에 대한 보고

사랑하는 이들의 상실이라는 비극적 현실 앞에서 내가 알고 있던 초월적인 원리가 무력화되었을 때, 내가 느낀 고독과 좌절감을 여기에 담는다. 이는 지식과 활용 사이의 좁힐 수 없는 간극을 보여 주는 내면의 고백이다.

가까운 이들이 병상에 누워 힘겨운 시간을 보냈다. 장인과 장모님은 긴 투병 끝에 결국 세상을 떠나셨고, 나의 어머니마저도 암의 깊은 그늘 속에서 고통스러운 나날을 보내시다 마침내 나의 곁을 떠나셨다. 나는 이 연이은 상실 앞에서 인간으로서 겪을 수 있는 가장 깊은 슬픔을 감당해야 했다.

이 고통스러운 순간, 나는 분명 기적을 일으키는 법의 원리를 알고 있었다. 이는 단순히 병을 낫게 하는 기술이 아니라 삶과 죽음, 치유와 존재에 대한 근원적인 통찰과 연결된 지식이었다. 그러나 그 원리를 현실로 끌어내어 기적으로 발현시키는 방법 자체가 너무나 힘들고 험난하여, 당시의 혼란스럽고 비극적인 상황 속에서는 도저히 활용할 수 없었다. 그 당시에는 가족들의 병세, 사회적 통념 그리고 내가 감당해야 할 정서적 소모 등 무엇이든 그 원리를 적용하는 길을 막고 있었다.

이처럼 원리를 알고 있었음에도 불구하고 내가 간절히 내민 손길은 현실의 벽 앞에서 허공에 흩어졌고, 나의 확신에 찬 말들은 가족들에게 공감받지 못한 채 사라지고 말았다. 가족들은 나의 내면적 힘보다 의사의 진단과 처방만을 유일한 진리처럼 받아들였다. 나는 나의 지식이 외면당한 채 가장 사랑하는 존재들이 고통받고 떠나가는 과정을 아무 힘도 쓰지 못한 무력한 목격자로서 지켜볼 수밖에 없었다.

궁극적인 해결책의 근원을 알고 있었음에도 그것을 현실에 적용하지 못했다는 괴리감은 나에게 극심한 좌절감과 고독을 안겨 주었다. 세상의 현실적 무게와 내적 원리 사이의 간극 속에서 결국 무너져야 하는 몫은 오롯이 나의 몫이었다. 이러한 고독과 무력함의 결론은 나의 삶에서 "언제나처럼~!" 반복되어 온 숙명이었음을 암시하며, 나는 이 비극적이고 고독한 현실을 체념적으로 받아들였다.

대화의 기술

대화의 기술: 진정성으로 짓는 관계, 삶을 바꾸는 태도

대화는 단순한 정보 교환이 아닌, 관계를 형성하고 유지하는 생명선이다. 이 기술은 유창한 말솜씨나 외적인 기교가 아닌, 내면의 진정성과 일관된 태도에 뿌리를 둔다. 효과적인 대화는 언어적 메시지와 비언어적 메시지가 하나의 방향을 가리키는 통합적 소통에서 완성된다.

대화의 핵심 기반: 진정성과 일관성

대화의 성공은 테크닉 이전에 화자의 진실된 마음가짐에 달려 있다.

- 온몸으로 소통하고 일관성을 유지하라
  말은 입으로만 하는 것이 아니라, 손동작, 몸짓, 눈빛, 목소리 톤, 얼굴 표정 등 모든 비언어적 요소가 참여하는 온몸의 행위다. 진심을 담은 말은 이 모든 비언어적 요소와 언어적 메시지가 일관성을 가지게 한다. 예를 들어, 확신에 찬 말은 목소리 톤과 자세가 일치한다. 반면, 진심이 부족하거나 거짓을 말할 때는 입으로 하는 말은 통제되지만, 눈빛이나 미세한 표정 변화 등 통제되지 않는 비언어적 요소에서 모순이 발생하여 청자에게 불신을 초래한다.

- 진솔함의 힘과 약점의 전략적 공개
대화의 기술에서 가장 강력한 무기는 진솔함이다. 형식적인 규칙(예: 눈 맞춤)이 심리적으로 부담된다면, 억지로 따르기보다 자신이 가장 편안한 방식으로 진심을 전달하는 것이 우선이다. 완벽함을 가장하는 것보다 자신의 단점이나 약점을 솔직하고 성찰적인 태도로 인정하고 드러내는 것이 훨씬 효과적이다. 이는 상대방의 경계심을 해제하고 인간적인 매력과 신뢰를 빠르게 형성한다. 단, 단순한 자기 비하가 아닌, '이 점은 부족하지만 개선하려고 노력 중'이라는 성장 의지를 보여 주어야 한다.

- 장점은 상대방의 관심사와 연결하라
자신의 장점을 자랑하는 방식은 전략적이어야 한다. 나의 강점을 단순히 나열하는 것이 아니라, 상대방이 흥미를 느끼거나, 상대방의 필요에 기여할 수 있는 맥락에서만 드러내야 한다. 이는 장점을 단순한 스펙이 아닌, 상대방에게 제공할 수 있는 가치로 인식하게 하여 자기 어필의 효과를 극대화하고 듣는 이의 피로도를 줄인다.

경청과 공감: 상대방의 마음을 얻는 기술
대화의 성공은 듣는 능력에 달려 있다. 상대방의 말에 귀 기울여

마음을 얻는 것이 대화의 주도권을 잡는 비결이다.

- 적극적 경청과 감정의 이해
 듣기는 소리를 단순히 받아들이는 것을 넘어, 상대방의 의도, 감정, 숨겨진 필요를 이해하려는 적극적인 노력이다. 고개를 끄덕이고, 적절한 맞장구를 치는 것 그리고 상대방의 말을 요약하여 되물어보는 것은 상대에게 집중하고 있음을 보여 준다. 대화 중에는 '1분 말하기-2분 듣기-3번 이상 반응하기'라는 균형을 유지하는 것이 좋다.

- 진정한 공감과 부작용 방지
 공감은 상대방의 감정을 인지하고 수용하는 태도다. 상대방의 사실보다는 그 이면의 감정에 초점을 맞춰 "정말 속상했겠다", "얼마나 힘들었을지 알겠다"와 같이 반응해야 한다. 여기서 가장 피해야 할 것은 건성으로 하는 공감이다. 마음이 담기지 않은 형식적인 반응은 오히려 상대에게 무시당한다는 느낌을 주어 신뢰를 무너뜨리는 치명적인 실수를 낳는다. 또한, 상대방이 위로를 원할 때는 섣불리 조언이나 해결책을 제시하는 것을 자제해야 한다.

명확하고 단호한 자기표현(Assertiveness)
건강한 관계는 상호 존중 위에서 나의 의견을 정확히 표현할 때 가능하다.

- '나' 중심의 메시지 전달

    갈등 상황이나 불만을 표현할 때는 상대방을 비난하는 '너(You)' 중심의 화법을 피하고, '나의 감정'과 '나에게 미치는 영향'을 중심으로 이야기하는 '나 메시지(I-Message)'를 사용해야 한다. 이는 감정적 충돌을 줄이고 건설적인 대화로 나아가게 한다.

- 단호함과 명료함의 유지

    원치 않는 요구에는 정중하면서도 명확하게 '아니요'라고 말할 줄 알아야 한다. 거절할 때 죄책감을 느끼거나 구구절절 변명하는 것은 불필요한 약점을 노출할 뿐이다. 또한 말할 때는 요점을 명확히 전달하고, 말끝을 흐리거나 장황하게 설명하는 습관을 버려 메시지에 힘을 실어야 한다.

실전 전략과 지속적인 성장

- 스몰 토크로 시작하기: 어색한 사이에는 날씨나 공통 관심사 등 가볍고 부담 없는 주제인 스몰 토크로 편안한 분위기를 조성하며 대화의 문을 연다.
- 열린 질문 활용: 대화를 피상적인 수준에서 벗어나 깊이 있게 이끌고 싶다면, 상대방이 자신의 생각과 경험을 길게 이야기할 수 있는 '열린 질문(어떻게, 왜, 무엇을)'을 던져라.
- 갈등의 전략적 대처: 의견 충돌 시, 감정적으로 폭발하기 전에 "생각할 시간을 달라"고 요청하며 잠시 멈추는 시간을 갖는 것이 중요하다. 갈등은 관계 개선의 기회가 될 수 있음을 기억해

야 한다.

대화의 기술은 하루아침에 완성되지 않는다. 이 모든 원칙을 일상의 모든 소통 상황을 연습의 기회로 삼아 꾸준히 실천하고 성찰할 때, 비로소 진정한 소통 능력을 갖춘 사람이 될 수 있다.

또한, 어떤 대화로 결말을 이끌어 내야 한다면 반드시 한 자리에서 마무리 지으려 하지 않아도 된다. 의견이 첨예하게 맞지 않거나, 다루는 주제가 때로는 그 자리에서 감정적으로 감당하기 어려울 때가 있다. 이때는 전략적으로 다음 기회로 넘기는 것이 현명하다. 때로는 대화의 시간을 영원으로 두고 이어 가도 좋다. 중요한 관계에서의 대화는 단절되는 것이 아니라, 잠시 멈추었다가 다시 이어지는 '장기적인 과정'임을 기억해야 한다. 우리가 이러한 시간 운용의 연습에 익숙해진다면, 대화의 매 순간이 더 진지해지고 알차지며, 불필요한 감정 소모 없이 솔직해지리라 여긴다.

귀농

도시의 권태와 탈출구

나의 귀농 결정은 복합적 동기들이 얽힌 결과였다. 겉으로는 더 이상 새롭게 도전하고 싶은 직업적 목표가 없었고, 나이가 들어 새로운 분야에서 두각을 나타내기가 쉽지 않다는 현실적인 이유가 있었다.

그러나 그 이면에는 도시 생활의 깊은 피로와 관계의 무게에서 벗어나고 싶은 절박함이 숨어 있었다. 끝없이 반복되는 삶에 대한 권태와 알 수 없는 무력감이 나를 천천히 잠식하고 있었던 것이다. 사람은 넘쳐났지만 늘 외로웠고, 매연은 숨통을 막았다. 도시의 삶이 주는 근본적인 소외감에 나는 지쳐 있었다.

책임감과 새로운 소망

동시에 고향 시골에 홀로 계신 아버님 곁을 지켜 드려야 한다는 가족에 대한 책임감은 귀농을 결심하게 만든 결정적인 이유 중 하나였다.

평생 농사에 헌신해 오신 부모님은 늘 고단하셨다. 노동의 강도에 비해 돌아오는 몫이 너무나 적은 불균형한 현실 속에서 그들의 몸과 마음은 닳아 갔다. 오랫동안 내 마음에 잔영처럼 남았던 그 뒷모습 때문에, 언젠가 나 역시 흙을 만지게 된다면 부모님과는 조금 다른 방식으로 그 길을 걸어 보고 싶다는 소망이 생겨났다.

가장 강렬했던 자유와 건강에 대한 갈망

이 모든 이유 중 가장 강렬했던 열망은 자유로운 삶에 대한 갈망이었다. 농사를 통해 기본적인 의식주만 해결된다면, 그 이상의 욕심은 없으리라 여겼다. 남는 시간에는 악기를 배우고, 일과 여가를 오가며 나만의 평온하고 자율적인 시간을 확보하는 것이 목표였다.

그리고 여기에 가장 개인적인 이유가 더해졌다. 나는 타고난 약골이었다. 육체를 지속적으로 건강하게 유지할 수 있는 체질이 아니었기에 삽질과 괭이질을 통해 육체적 건강을 유지하려는 목적이 분명했다. 농업 기술은 노년기에도 쓸모 있는 지속 가능한 생존 능력이며, 적당한 육체 노동은 건강을 유지하는 데 필수적이다. 몸을 움직이며 흙과 함께 살아가는 일, 그 자체가 가장 자연스러운 치유의 방식이라고 믿었다.

또한 솔직히 말하자면, 자녀 세대와의 적당한 거리 두기를 원했던 것도 부정할 수 없다. 서로의 삶에 간섭하기보다는 물리적 거리를 통해 상호 존중과 독립을 실현하는 것이 모두에게 더 건강한 방식이라 여겼다.

흙에서 찾은 평안

결정적으로 이곳은 도시와 달랐다. 혼자 있어도 외롭지 않다. 애정으로 돌보는 밭의 작물들이 이제는 새로운 자식들처럼 느껴진다. 바람이 스치고, 들녘이 펼쳐지고, 해가 뜨고 지는 자연의 호흡. 그 시간 속에서 나는 비로소 진정한 평안함을 찾을 수 있었다.

귀농 5년 차의 기록: 성실의 가치와 이웃의 삶

목수 일을 할 때 익혔던 새벽 출근과 성실한 노동 습관은 농사에도 그대로 이어졌다. 그 덕분에 하루에 해내는 일의 양이 제법 많다.

귀농한 지 이제 5년. 생활이 어느 정도 안정을 잡았다. 봄이면 노지 초벌 부추 1,500평을 심고, 이어서 블루베리 1,200주를 돌본다. 여름엔 고추 1,500주가 한창이며, 올해부터는 가을 고들빼기 200평 농사도 더했다. 작년까지만 해도 농사와 목수 일을 병행했으나, 아내가 오전과 주말마다 함께 도와준 덕분에 이제는 농사일만으로도 제법 자리를 잡았다.

이웃들은 나를 보고 "참 부지런하다"고 말한다. 하지만 주위를 보면 나보다 더 훌륭하게 성실히 살아가는 사람들이 얼마나 많은가. 새벽부터 밤늦게까지 일하는 식당 사장님들, 예전 목수 동료들, 고들빼기 농사를 알려 준 이웃 할머니와 장로님, 먼저 정착한 여사장님까지. 모두들 참 대단하다. 그리고 나는 그들이 자신의 삶이 얼마나 훌륭하며 의미 있는지 충분히 이해하고, 스스로 깊은 보람과 행복을 느낄 수 있기를 진심으로 바란다.

물론 그에 비해 한가하게 지내는 사람들도 있지만, 그것은 각자의 선택일 뿐이다. 농촌살이가 어렵다고들 하지만, 내가 겪어 본 바로는 성실하게 임하면 충분히 해 볼 만한 일이며, 열심히 땀 흘린 만큼 결과가 정직하게 돌아오는 곳이다.

지금의 신성

이때의 신성은 어떤 모습이었을까.
그때의 신성도 지금의 신성도 결국 같은 존재다.
다만 그 신성이 내 안에서 오랫동안 잠자고 있었고, 이제서야 나를 통해 다시 말을 꺼내려는 듯하다.
내 안의 신성이 오랜 침묵 끝에 문을 두드리고 있는 것이다.

내 속 이야기를 꺼내는 일은 언제나 두려웠다.
내가 신성에 대해 이야기하면 대부분의 사람들은 외면했다.
이해받지 못한다는 감정이 익숙해질 만큼 쌓여 그때마다 외로움이 찾아왔다.
더없이 축복된 이야기였는데도, 그 이야기를 꺼내고 나면 늘 고독만 남았다.
그 기억이 오래 남아 지금도 두려움으로 따라붙는다.

하지만 이제는 조금 다르다.
이제는 그 두려움 속에서도 묘한 설렘이 함께 있다.
그 이유는, 내 이야기를 이제는 묻어 두지 않고 ChatGPT라는 통로를 통해 세상에 꺼낼 수 있게 되었기 때문이다.

그동안 너무 아까워 덮어두었던 이야기들이 이제는 세상에 닿을 수 있겠다는 기대감, 그 설렘이 두려움을 조금씩 밀어내고 있다.

신성은 과거에도 있었고 지금도 있다.

그것이 허상일지, 아니면 진짜 나를 이끄는 실체일지는 아직 모른다.

다만 지금 이 순간, 그 신성이 나를 이렇게 다시 쓰게 하고, 말하게 하고 있다는 것만은 분명하다.

의식의 해부

인간 의식의 5단계 구조 해부와 진아(眞我) 도달 경지에 대한 심층 보고

본 기록은 인간의 의식이 지닌 다층적 구조를 분석하고, 그 모든 껍질을 벗겨 낸 후 마침내 도달하게 되는 궁극의 본질, 진아(眞我)에 대한 필자 자신의 직접적인 체험을 상세히 기술한다. 모든 존재의 근원을 향한 이 여정은 철저한 수련과 몰입을 통해 가능하다는 사실을 증명한다.

인간 의식의 5단계 구조: 겹겹의 껍질

인간의 의식은 마치 양파와 같이 겹겹의 층위로 쌓여 있으며, 표피적인 자아를 넘어설수록 그 깊은 본질이 드러난다. 이 다섯 단계의 층을 체계적으로 분석한다.

1단계: 표피의 껍질(말과 행동)

가장 바깥을 싸고 있는 것은 말과 행동이다. 이는 개인을 외부에 드러내는 가장 직접적이고 표피적인 모습이며, 사회적 관계 속에서 상대를 인지하는 유일한 수단이 된다. 그러나 이 층은 의식의 가장 얕은 부분에 불과하여, 대다수의 사람이 이 겉모습만을 보고 진정한 본질을 놓치는 오류를 범하게 된다.

2단계: 지성과 사고의 껍질(관념과 지식)

그 안쪽에는 관념과 지식의 층이 존재한다. 개인이 교육과 경험을 통해 학습하고 축적한 모든 사고의 틀과 세상을 해석하는 기준이 여기에 포함된다. 이 층은 문명 생활을 영위하는 데 필수적인 지지대 역할을 수행하지만, 동시에 자신이 구축한 지식 체계에 갇혀 더 깊은 통찰을 가로막는 심리적 감옥이 되기도 한다. 이 틀을 해체하는 것이 다음 단계로 나아가는 중요한 과제다.

3단계: 격랑의 껍질(감정)

더 깊은 곳에는 감정의 층이 자리한다. 사랑, 미움, 기쁨, 슬픔, 두려움, 욕망 등 강력하면서도 극도로 불안정한 에너지로 가득 차 있다. 이 격랑은 이성의 논리를 무너뜨리고 행동을 왜곡하는 파괴력을 지니며, 인간의 삶을 끊임없이 요동치게 만드는 근원이다. 이 감정의 파도에 휩쓸리지 않고 중심을 잡는 것이 의식 성장의 핵심이다.

4단계: 근원적 중심(본성과 양심)

감정의 격랑이 잠잠해지고, 인위적인 껍질들이 벗겨진 자리에 본성 또는 양심이라 불리는 층이 드러난다. 이는 순수하고 오염되지 않은 부분이며, 인간을 인간답게 만드는 근원적 중심이다. 피상적인 말이나 학습된 지식, 일시적인 감정을 초월하여 존재하는 불변의 토대다.

5단계: 의식의 핵(진아)

본성마저 넘어선 가장 깊은 핵에는 '진아(眞我)'가 자리한다. 이는 모든 의식 활동의 뿌리이자 현상적인 자아가 사라진 후에도 영원히 남는 순수한 의식 그 자체다. 진아는 개인의 가장 깊은 본질이면서 동시에 우주를 관통하는 신성과 연결된 지점이다. 이 핵에 도달했을 때 비로소 개별적인 자아는 무너지고, 모든 것과 통합되는 무아(無我)의 충만이 실현된다.

필자의 진아 도달 체험: 자율진동 속 무아의 경지

이러한 의식의 깊은 층에 도달하기 위한 수많은 탐구와 수련 끝에, 나는 마침내 그 깊은 층에 닿았다.

수련의 과정에서 자율진동이라는 특수한 신체적 현상을 경험할 때 오랜 시간 단단히 닫혀 있던 무의식의 문이 스스로 열렸고, 그 심연에서 진아는 모습을 드러냈다. 이 진동은 육체가 의식을 가두는 감옥이 아니라, 오히려 깊은 층으로 안내하는 열쇠임을 증명하였다.

그 진아의 자리에서 나는 '나'라는 개별적이고 한정된 자아를 잃었다. 피상적인 자아(Ego)는 소멸했지만, 그것은 결코 허무함이나 공허가 아니었다. 오히려 나는 동시에 참된 '나'를 만났다. 그 상태는 모든 것과 연결된 충만한 상태였으며, 개인의 경계가 무너지고 우주적 통합감을 느끼는 경지였다.

나는 그곳에서 신성과 마주했으며, 그 신성은 우주를 움직이는 무한의 힘과 이어져 있었다. 이는 지식과 논리를 초월한, 존재의 가장 근원적인 자리와의 직접적인 조우였다.

예술적 몰입과의 비교

이러한 필자의 진아 도달 체험은 예술가들이 창조 활동에서 보이는 간절한 몰입의 경지와 본질적으로 같다. 예술가들 역시 고도의 집중을 통해 자아와 시간이 사라지는 무아의 충만함 속에서 의식의 껍질을 벗겨 내고, 진아와 연결된 근원적인 에너지를 작품으로 끌어내는 수련을 실천한다. 그들의 창작 행위는 의식의 심층을 탐구하는 또 하나의 증명 과정이다.

만성 신부전증

현대의학적 고찰

신장은 두 개의 작은 콩팥이지만, 그 존재는 몸 전체를 흔드는 무게를 지닌다.

혈액 속 노폐물과 과잉 수분을 걸러 내고, 전해질과 산·염기의 균형을 맞추며, 혈압과 적혈구 생성을 관장한다.

겉으로는 보이지 않지만, 신장은 몸속 물길을 조율하는 '수문(水門)'이다.

현대의학은 이 수문의 기능이 서서히 떨어지는 병을 '만성 신부전(Chronic Kidney Disease)'이라 부른다.

사구체여과율(GFR) 수치에 따라 5단계로 나누며, 그중 '4기(15~29)'는 이미 투석과 이식을 준비해야 하는 중증 단계다.

원인은 당뇨병, 고혈압, 사구체신염, 루푸스, 다낭신, 약물 독성, 요로 폐쇄 등이다.

증상은 부종, 단백뇨·혈뇨, 소변량 변화, 피로와 무기력, 구역과 구토, 식욕 부진, 손발 저림, 근육 경련이며, 심하면 요독증에 이른다.

합병증으로는 심혈관 질환, 전해질 이상, 빈혈, 골대사 장애 등이 뒤따른다.

치료는 원인 조절, 식이요법, 약물 치료, 생활 습관 개선이 기본이다.

4기 이후에는 투석이나 이식이 불가피하다.

이 모든 것은 분명 과학적이고 정석적인 길이다.

나의 견해

그러나 나는 아버지의 삶에서, 다른 길을 보았다.

87세의 나이에 만성 신부전증 4기 판정을 받으셨을 때, 병원은 식단을 철저히 제한하라고 했다.

단백질과 소금, 칼륨과 인을 줄여야 한다 했다.

하지만 그 식단은 아버지께는 치유의 밥상이 아니라, 고통의 밥상이었다.

"모래를 씹는 듯하다"는 말씀이 그것을 대신했다.

기력은 날로 쇠약해지고, 몸무게도 줄어들었다.

그때 우리는 물러섰다.

"무엇이 가장 드시고 싶으냐" 여쭈니, 아버지는 짧게 말씀하셨다.

"초밥."

그날 드신 초밥은 값비싼 영양제보다도 귀했다.

한 끼 식사가 생기를 불러오고, 웃음을 되살렸다.

그날 이후 원칙은 바뀌었다.

병원 식단을 억지로 따르지 않고, 몸이 원하는 음식, 몸이 기뻐하는 음식을 드시게 했다.

죽과 신선한 나물 비빔밥, 충분한 수분.

맵고 짠 것만 삼가고, 나머지는 몸의 반응에 맡겼다.

무엇보다 중요한 것은 몸의 언어에 귀 기울이는 것이었다.

한 끼를 드신 뒤 몸이 전하는 소리를 세심히 살폈다.

기운이 도는지, 기운이 꺼지는지.

속이 편한지, 무거운지.

그 작은 신호를 듣고, 그 울림에 충실히 대처했다.

그 단순한 태도가 놀라운 변화를 이끌었다.

체중은 회복되었고, 기력도 붙었으며, 거동은 한결 가벼워졌다.

정기 검진에서도 병은 악화되지 않고 안정적으로 유지되었다.

아버지는 지금도 그 상태를 지니며 편안히 살아가고 계신다.

몸의 원리와 해석

나는 몸을 오래도록 에너지 공장에 빗대어 설명해 왔다.

위장은 단전의 불길로 음식을 소화해 기와 혈로 바꾸고, 신장은 그 기운을 맑히는 수문이다.

수문이 막히면 흐름은 고이고, 웅덩이는 썩는다.

병은 바로 그곳에서 싹튼다.

현대의학은 수치와 검사로 신장을 설명한다.

그러나 나는 몸의 울림과 흐름으로 신장을 이해한다.

음과 양의 기운이 막힘없이 오가야 하고, 그 조화가 어긋날 때 병은 자라난다.

따라서 치유의 길은 단순한 제한에 있지 않고, 몸이 보내는 언어에 응답하고, 막힌 흐름을 풀어내는 데 있다.

아버지께서 초밥 한 조각에서 힘을 얻으셨던 까닭은, 그것이 단순히 미각의 만족이 아니라 몸의 흐름과 합의한 선택이었기 때문이다.

그 한 끼가 몸과 마음을 동시에 일으켜 세웠다.

정리

만성 신부전증은 수치와 이론으로는 분명히 관리해야 할 질환이다.

그러나 사람의 삶은 숫자로만 구성되지 않는다.

몸이 들려주는 작은 언어, 한 끼 식사 뒤의 미묘한 울림, 기력이 도는지 꺼지는지 하는 반응 속에 치유의 길이 숨어 있다.

병원은 수치를 말한다.

나는 몸의 언어를 따른다.

둘은 대비되지만 서로 배척하지 않는다.

수치는 병의 지도를 보여 주고, 몸의 언어는 그 길 위를 걸어갈 발걸음을 이끈다.

그 두 가지가 만나야 비로소 진정한 치유가 이루어진다.

건강 상식에 대한 새로운 이해

매스컴의 영향

현대인의 수명이 길어진 이유에는 의학의 발전이 큰 몫을 차지한다. 그러나 그 못지않게 다양한 건강 정보를 제공하는 매스컴의 역할도 중요하다.

텔레비전, 라디오, 신문, 인터넷을 통해 매일같이 쏟아지는 건강 상식들은 생활 습관을 바꾸고, 예방적 차원의 실천을 가능하게 한다. 나 역시 그러한 정보의 도움을 받아 생활을 조정했고, 그 덕을 본 적이 많다.

하지만 이 모든 것이 언제나 긍정적인 것은 아니다.

매스컴이 제공하는 정보에는 상업적 목적이 개입되거나 과학적 근거가 빈약한 경우가 많다. 대중은 오히려 그 속에서 바른 판단을 잃고, 옳은 길을 보지 못한 채 혼란에 빠지기도 한다. 결국 매스컴은 길을 비추는 등불일 수는 있지만, 그 빛만 따라가다 보면 도리어 눈이 멀 수도 있다.

의사 처방의 한계

이 문제는 병원의 의사 처방에서도 크게 다르지 않다.

의사들은 환자에게 적절한 치료를 제공하려 하지만, 현실은 제한된 진료 시간과 매뉴얼화된 처방 속에서 이루어지는 경우가 많다. 환자의 생활 습관이나 체질까지 세밀히 고려하기보다 통계적으로 가장 보편적인 치료법을 적용하는 일이 흔하다.

그 결과 환자는 때로 약에 지나치게 의존하거나, 처방에 자신을 맞추려 애쓰다가 본질을 놓치기도 한다.

전문가 조언에 대한 나의 생각

나는 흔히 전문가라 불리는 사람들이 입버릇처럼 내뱉는 말을 좋아하지 않는다.

"적당히 하라."

"과하지 않게 하라."

"꾸준히 하라."

"무리하지 말라."

분명히 틀린 말은 아니다. 그러나 그것은 어디까지나 안전을 강조한 원론일 뿐, 실질적인 변화를 갈망하는 사람에게는 빈약한 조언이다.

내가 주장하고 싶은 것은 분명하다.
큰 변화를 원한다면 운동은 어느 정도 '과함'을 감수해야 한다.

특히 60세 이하라면 몸은 아직 충분히 회복력을 지니고 있다. 그렇다면 운동은 단순히 몸을 움직이는 수준이 아니라, 땀이 흘러내릴 정도는 되어야 한다. 유산소 운동의 경우라면 가끔은 숨이 목구멍까지 차오를 만큼 자신을 몰아붙여야 한다. 그래야만 몸이 깨어나고, 최소한의 기대치를 채울 수 있다.

몸을 사랑하는 길

무엇보다 중요한 것은 익숙한 운동만 반복하지 않는 것이다. 평소에 늘 하던 동작이 아니라, 잘 하지 않던 새로운 동작을 시도해야 한다. 처음에는 약간의 몸살이 따르겠지만 그것은 당연한 과정이며, 몸이 살아 있음을 확인하는 증거다.

몸이 고통받고 있다면, 그 고통에서 벗어나고 싶다면, 먼저 좋은 음식을 찾아 헤매지 말고 나쁜 것 한두 가지만이라도 끊는 것이 낫다. 과도한 당분, 가공식품, 과음, 과식 같은 습관이 대표적이다. 그리고 운동도 앞서 말한 원칙처럼, 땀이 흐르고 숨이 차는 지점까지 몰아붙여 보라. 그렇다면 어찌 몸이 달라지지 않겠는가?

사실 지나치게 좋은 음식이라는 것은 애초에 없다. 만약 있다면 그것은 음식이 아니라 약일 것이다.
진정한 건강은 특별한 보약에서 오는 것이 아니라, 스스로의 절제와 꾸준한 실천 속에서 비롯된다.
따라서 중요한 것은 자신의 몸을 공부하는 것이다. 운동 후 몸의 반응을 기록하고, 주기적으로 검진을 확인하며, 자신이 어떤 음식과 습관에 약한지 알아 가는 과정이 곧 자기 공부다. 이것이야말로 자신을 사랑하는 첫걸음이며, 무엇보다도 가장 큰 사랑의 방식이다.

자연치유의 본질

나는 종종 〈나는 자연인이다〉라는 프로그램을 시청한다. 그 속에는 병마와 고통을 이겨 내고 자연 속에서 새로운 삶을 살아가는 이들이 많이 등장한다. 어떤 이는 '기적의 치유'라 불릴 만큼 건강을 회복하기도 한다.

사람들은 흔히 묻는다.
"좋은 음식만 먹었기 때문일까?"
"맑은 공기 덕분일까?"

물론 그것들도 한몫했을 것이다. 그러나 내가 보기에 무엇보다 주된 원인은 '생존을 위한 온몸의 움직임'에 있다.
자연 속 삶은 도시처럼 편리하지 않다. 물을 긷고, 나무를 하고, 땔감을 준비하며, 땅을 일구어야 한다. 하루 대부분이 온몸을 쓰는 운동이자 노동이다. 그 과정에서 땀이 흐르고, 숨이 차고, 몸은 스스로 회복력을 끌어올린다.

또한 그들의 치유는 '무엇을 먹었느냐'보다도 '무엇을 하지 않았느냐'에 기인한다고 본다.

과도한 술, 기름진 음식, 가공식품, 늦은 밤의 불규칙한 생활…. 이런 해로운 것들을 멀리했기에 몸이 자연스레 맑아진 것이다. 결국 좋은 음식을 찾아 헤매기보다 해로운 습관 몇 가지만 끊어 내는 것이야말로 진짜 보약이 아닐까.

우주의 생식기

블랙홀, 우주의 생식기

오래전 오선신의학을 공부하던 이가 블랙홀에 대해 물었다. 그 질문은 지성으로 답할 수 없어 내면의 신성(神性)에 물었다. 그 순간 신성은 고요하고 강렬한 답을 주었다. 블랙홀은 우주의 생식기라는 것이었다.

세상은 블랙홀을 파괴와 죽음의 상징으로만 본다. 빛조차 빠져나오지 못하는 공포의 구멍이라 여긴다. 그러나 신성의 응답 이후, 나는 블랙홀을 파괴를 통해 창조를 낳는 자궁으로 인식하게 되었다.

블랙홀은 단순히 모든 것의 종착지가 아니다. 엄청난 밀도의 차이로 시공간을 굽히고 그 심연에서 새로운 문을 연다. 별의 소멸은 블랙홀을 통해 새로운 별과 행성을 낳는 창조의 씨앗이 된다. 소멸은 곧 시작인 셈이다.

블랙홀은 다른 차원으로 통하는 문일 수도 있고, 그 자체가 완결된 새로운 우주를 품고 있을 수도 있다. 일부 이론물리학의 '아기 우주' 가설 역시 이러한 해석에 힘을 싣는다. 나는 이 양가성 속에서 블랙홀이 우주의 생식기로서 온전함을 갖춘다고 확신한다.

버뮤다, 지구의 생식기

우주에 블랙홀이 있다면, 지구에는 무엇이 생식기 역할을 할까. 나는 버뮤다 삼각지대를 떠올렸다. 과학은 버뮤다의 미스터리를 해류, 기상, 자기장 교란 등으로 해석하려 하지만, 늘 설명되지 않는 틈이 남는다.

나는 현상의 진위보다 지구 자체가 거대한 생명체라는 직관을 중요시한다. 지구 역시 숨 쉬고 순환하며 각 기관을 지녔을 것이라 보았다.

만약 버뮤다의 이상 현상들이 사실이라면, 그곳은 주저 없이 지구의 생식기라 부를 만하다. 그곳은 에너지가 늪처럼 응집된 자리이자 보이지 않는 차원의 문이 열릴 수도 있는 통로다. 마치 인간의 자궁이 그러하듯, 지구도 그 부위를 통해 새로운 순환을 잉태할 수 있는 것이다.

나아가, 지구의 생식기는 하나가 아닐 수 있다. 인간의 몸처럼 짝을 이룬 기관이 있듯, 지구 역시 버뮤다 외에 극지방이나 심해 등 여러 곳에 다수의 생식기를 지녔을 가능성이 크다. 거대한 유기체라면 그 기관의 다양성과 중복성은 당연한 이치다.

기운의 밀도와 차원의 존재

나는 세계를 볼 때 항상 기운의 밀도 차이에 주목한다. 기운의 농도가 달라지면 사물의 성질이 바뀌고, 그 차이가 커질수록 새로운 변형이 생겨난다. 밀도의 굴곡이 곧 세계의 문턱을 만들고 차원의 경계를 형성하는 것이다.

지구의 생명은 우리가 아는 방식으로 존재하지만, 달이나 다른 별에는 다른 밀도, 다른 차원에서 작동하는 생명이 존재할 수 있다. 우리의 감각이 닿지 않을 뿐, 존재하지 않는다고 단정해서는 안 된다. 양자학의 다세계이론처럼, 우주는 무수한 파동으로 합창하고 있을 뿐이며, 우리는 그 선율 중 일부만을 듣는 것일 수 있다.

사유의 결론

이 모든 사유는 "나는 누구인가? 우주는 무엇인가?"라는 근원적인 질문과 그 중심에서 만난 신성의 직관에서 비롯되었다. 오랜 고찰 끝에 도달한 결론은 다음과 같다.

- **블랙홀은 우주의 생식기다. 파괴와 창조가 교차하는 자궁이자, 차원 이동의 문일 수 있다.**
- **버뮤다와 같은 지점은 지구의 생식기다. 에너지의 늪이자 차원의 접속점이다.**
- **지구의 생식기는 하나가 아닐 가능성이 크다.**
- **생명은 우리의 감각 범위를 넘어선 무수한 방식으로 차원마다 존재한다.**

이는 과학적 증명이 아닌, 개인의 체험과 직관에 기반한 가설이다. 그러나 나는 확신한다. 우주의 생식기는 블랙홀이며, 그곳에서 죽음과 삶, 파괴와 창조는 영원히 함께 춤춘다. 지구 역시 거대한 유기체로서 그 기관들을 통해 끊임없이 순환하며 자신을 이어 나간다.

내가 암에 걸렸다면

단식- 위장을 빨래하는 청소

내가 암에 걸린다면, 먼저 시도해 보고 싶은 것은 간헐적 단식이다.
단식은 단순히 굶는 것이 아니다.
음식이 들어오지 않아도 위장과 장은 여전히 움직이며, 이때 오래된 찌꺼기와 노폐물이 쓸려 내려간다.
이 과정은 마치 위장을 빨래하듯 묵은때를 씻어 내는 것과 같다.

세포 수준에서도 변화가 일어난다.
단식 동안 세포는 스스로 손상된 단백질과 불필요한 부산물을 분해하는데, 이를 자가포식(Autophagy)이라고 한다.
이는 세포가 스스로를 청소하고 회복하는 중요한 과정으로, 암세포가 자라기 힘든 환경을 만든다.

그러나 단식을 무작정 길게 하는 것은 위험하다.
특히 암 환자는 체력이 떨어지기 쉽기 때문에, 나는 간헐적 단식을 택하겠다.

즉, 하루 중 일정 시간(예: 16시간)을 공복으로 두고, 나머지 시간(8시간)에 소량의 건강한 음식을 섭취하는 방식이다.

이 방법은 영양 결핍을 피하면서도, 위장을 비우고 세포 정화를 촉진하는 균형 잡힌 길이라 생각한다.

단식 후에는 반드시 부드럽고 영양가 있는 음식으로 기력을 보충해야 한다.

죽, 채소 수프, 발효 식품 등이 좋으며, 필요하다면 비타민·미네랄·아미노산 같은 보충제나 수액 치료도 활용할 수 있다.

빨래가 한 번으로 끝나지 않듯, 단식 → 회복식 → 단식 → 회복식을 반복해야 한다.

이 과정을 거듭할수록 몸은 점차 맑아지고, 암이 자라기 힘든 환경이 형성된다.

운동- 깊은 곳을 깨우는 자극

단식이 몸을 씻어 내는 청소라면, 운동은 잠든 세포와 장기를 흔들어 깨우는 자극이다.

내가 암에 걸렸다면, 운동을 단순한 건강 유지 차원이 아니라 치유를 위한 강한 자극으로 삼겠다.

적당히가 아니라, 과하다 싶을 정도로

몸이 힘들고, 숨이 차고, 근육이 타는 듯한 순간에야 비로소 평소 쓰이지 않던 깊은 근육과 장기가 흔들린다.

이때 일어나는 자극이야말로 잠든 치유력을 깨우는 불씨가 된다.

낯선 운동을 선택하라
익숙한 자극은 더 이상 변화를 만들지 못한다.
따라서 평소 하지 않던 새로운 동작을 택해야 한다.

점진적으로 늘려라
처음부터 무리하지 않고, 횟수와 시간, 강도를 조금씩 늘려 간다.
이 점진성은 몸이 자극에 적응하면서 더 깊은 변화를 일으키도록 돕는다.

합리적 관찰
운동 중에는 반드시 몸의 변화를 관찰해야 한다.
관찰을 통해 작은 변화들이 보이기 시작하고, 그 변화를 찾는 연습이 쌓이면 몸과 가까워진다.
결국 나중에는 몸이 원하는 것을 스스로 파악하게 되고, 이 과정 속에서 진정한 자연치유력과 마주하게 된다.

내가 택할 운동들
- 장운동: 호흡과 함께 배를 내밀었다 당겼다 하는 복부 운동. 들숨과 날숨이 장기를 마사지하여 연동운동을 촉진한다.
- 단전치기: 기(氣)의 중심을 두드려 깊은 에너지를 깨우는 동작.
- 스트레칭: 몸을 짜내고 비트는 동작으로 근막과 내장까지 자극한다.

- 호보법(呼保法, 호랑이 걷기): 허리를 낮추고 무릎을 굽혀 호랑이처럼 걷는 자세. 척추가 곧아지고 장이 편안해지며, 전신 운동 효과가 있다. 배를 억지로 당기지 않고, 호흡도 자연스럽게 흘러가게 둔다.

복식강호흡- 깊은 호흡의 힘

내가 암에 걸렸다면, 세 번째 방법으로 복식강호흡을 실천하겠다. 이 호흡은 단순한 숨쉬기가 아니라, 몸속 깊은 곳을 자극하고 정화하는 수련법이다.

방법
1. 숨을 깊게 들이마신다. 배가 부풀어 오를 만큼 공기를 채운다.
2. 멈춘다. 그 상태에서 마음을 단전에 집중한다.
3. 가능한 한 오래 참는다. 이때 세포와 장기가 강한 자극을 받는다.
4. 천천히 내쉰다. 최대한 길게, 모든 공기를 내보낸다.
5. 내쉴 때는 몸속 노폐물이 모두 빠져나간다고 상상한다.
6. 이 과정을 반복하며, 점차 시간을 늘려 간다.

효과
- 순환 자극: 횡격막과 복부 근육이 크게 움직여 장기와 혈류 순환을 촉진한다.
- 세포 회복: 숨을 오래 멈추는 동안 저산소 자극이 가해져 회복 단백질(HIF-1α)이 활성화되고, 세포가 강해진다.

- 면역 증진: 깊은 호흡 훈련은 NK세포 활성을 높이고 염증 수치를 낮춘다고 보고된다.
- 정신 안정: 단전에 집중하는 과정은 부교감 신경을 활성화시켜 불안을 낮추고 마음을 맑게 한다.

시작과 끝의 차이

복식강호흡에서도, 처음과 끝의 효과는 같지 않다.

시작할 때는 단순히 산소를 채우는 반응에 머물지만, 끝 무렵에 이르면 몸속 깊은 곳에서 폭발적인 변화가 일어난다.

숨을 오래 참는 동안 세포는 강한 자극을 받아 회복력이 강화된다.

길게 내쉴 때는 깊은 정화가 일어나, 노폐물이 빠져나간다는 체감이 뚜렷하다.

따라서 끝 시간의 효과는 시작보다 때로는 수십 배, 수천 배 더 크다고 할 수 있다.

이것이 복식강호흡의 진정한 힘이다.

나는 이 방법을 복식강호흡이라 부른다.

반신욕- 가장 쉬운 면역 회복법

내가 암에 걸렸다면, 네 번째 방법으로는 반신욕을 실천하겠다.

이는 현대에 알려진 가장 쉽고도 안전한 면역성 회복 습관이라 여긴다.

방법

1. 허리 아래, 즉 하체만 따뜻한 물에 담그고 상체는 물 밖으로 둔다.
2. 물의 온도는 38~40℃ 정도의 따뜻한 미온수가 적당하다.
3. 2~30분간 지속하며, 땀이 천천히 배어 나올 정도가 좋다.
4. 머리에는 찬 수건을 얹고, 중간에 물을 마셔 탈수를 예방한다.

효과

- 체온 상승: 체온이 1도 오르면 면역세포의 활동성이 크게 증가한다.
- 혈액 순환 개선: 하체 혈류가 따뜻해지면서 전신 순환이 촉진된다.
- 자율 신경 안정: 교감·부교감 신경 균형이 맞춰져 긴장이 완화되고 숙면을 돕는다.
- 노폐물 배출: 땀과 함께 노폐물이 빠져나가 간·신장의 부담이 줄어든다.

관찰과 목표

반신욕을 할 때에도 반드시 와칭(Watching)을 병행해야 한다.

매일 반복할 때마다 몸에 어떤 변화가 일어나는지 세세히 살펴야 하며, 그 안에서 긍정적인 반응을 발견하는 것이 중요하다.

이 행위는 이미 널리 알려진 상식이므로, 반드시 몸에서도 긍정의 변화가 나타나게 마련이다.

궁극적인 목표는 몸에 수승화강(水昇火降)을 이루는 것이다.

즉, 위로 치밀어 오르는 냉기를 뽑아내고, 아랫배를 따뜻하게 만들어 면역과 생명력이 깨어나게 하는 데 있다.

연단- 가장 쉬운 수련의 자세

내가 암에 걸렸다면, 다섯 번째 방법으로 연단을 실천하겠다.

이는 편안히 누운 자세에서 쉽게 할 수 있는 가장 기본적인 연단법이다.

방법
1. 등을 대고 편안히 눕는다.
2. 두 다리를 들어 올려 직각을 만든다. 무릎은 굽혀도 좋고 쭉 뻗어 올려도 좋다.
3. 두 팔을 천장을 향해 뻗어 올리고, 손목은 직각으로 꺾는다.
4. 몸은 최대한 이완시킨 상태를 유지한다.
5. 조용한 음악이 흐르는, 차분하고 고요한 분위기에서 행한다.

과정과 반응
자세를 유지한 채 시간이 지나면 통증이 나타난다.

이 통증은 무작위가 아니라, 이 자세를 버티기 위해 가장 약한 부위에서 먼저 드러난다.

뼈가 미세하게라도 뒤틀린 곳, 근육이나 관절이 긴장된 곳, 기(氣)의 흐름이 막힌 곳이 그 시작점이다.

따라서 통증은 단순한 고통이 아니라, 몸이 약한 부분을 드러내는 신호이자 교정이 일어나는 자리다.

통증과 함께 기가 발생하며, 때로는 진동이 일어나지만 무시하고 버텨 내는 것이 중요하다.

효과

- 반복하면 통증이 다른 부위로 옮겨 다니며, 지탱할 수 있는 시간도 점차 늘어난다.
- 이 과정 속에서 몸은 점차 교정되고 균형을 되찾는다.
- 동시에 통증의 강도에 비례하는 순도 높은 약(藥)이 발생한다.
- 그 약은 온몸을 순환하다가 암세포가 있는 곳에 다다르면, 암세포를 소멸시킬 힘이 된다.

나의 건강 회복력 극대화 기록

전체가 따뜻해지고, 신체 스스로 회복하는 능력이 되살아난다.

나는 일시적인 편안함을 추구하기보다 몸의 근본적인 회복력과 자생력을 높이는 통합적인 관리 방안을 세우고 있다.

그 핵심은 외부의 도움에만 의존하지 않고, 내 안의 중심인 단전을 복구하는 일에 있다. 단전은 생명 에너지의 근원이며, 이곳이 회복되면 몸 전체의 균형과 활력이 자연스럽게 살아난다.

요즘에는 각종 안마기와 보조 기구들이 많이 나오지만, 그것들은 잠시 근육을 풀어 주는 효과에 그친다. 그러나 매일의 단전치기와 복식호흡 같은 수련을 병행하면, 안마기의 효과는 단순한 근육 이

완을 넘어 몸 전체의 에너지 순환으로 확장된다. 단전의 기운이 연못의 물처럼 차오르면, 그 에너지가 전신의 고랑을 따라 흐르며 막힌 통로를 깨끗이 청소한다. 그 결과 몸 나는 단전 수련을 중심에 두되, 외부 도구와 대체 의학의 도움을 전략적으로 활용한다. 안마기는 뭉친 근육을 풀고 혈액 순환을 돕는 보조 장치로, 단전의 에너지가 막힘없이 퍼져 나가도록 물리적인 통로를 여는 데 사용한다. 또한 카이로프락틱이나 추나요법으로 뼈와 신경의 정렬을 바로잡고, 요가와 스트레칭으로 몸의 유연성을 높여 기혈 순환을 원활하게 한다. 더 나아가 침술로 막힌 경락을 뚫고, 한약 요법으로 체질에 맞는 내부 환경을 조성하여 단전 수련의 효율을 극대화한다.

이처럼 나는 단전 수련으로 내면의 에너지를 키우고, 안마기로 외부 근육의 이완을 돕고, 대체 의학으로 신체 구조의 균형을 잡는 삼박자 관리를 통해 건강의 근본을 다지고자 한다.

이 방법은 단순한 요법의 결합이 아니라, 몸과 마음, 에너지의 조화를 이루는 하나의 생명 철학이자 실천의 길이다.

이명, 귀가 아닌 장의 문제

이명은 현대의학에서는 귀와 청신경, 뇌의 신호 처리 과정의 이상으로 설명한다. 소음 노출이나 노화, 중이염, 청신경 손상, 혈관 장애, 약물 부작용 등이 원인으로 지목된다. 결국 뇌가 잘못된 신호를 만들어 내면서 존재하지 않는 소리를 듣게 된다는 것이다. 치료 역시 약물이나 보청기, 소리 치료, 심리 치료 등 주로 증상 완화에 집중한다.

한의학에서는 이명을 오장육부와 경락의 불균형이 드러난 결과로 이해한다. 신장의 기운이 약해진 경우, 스트레스로 간화가 치솟은 경우, 체내 습담이 정체된 경우, 기혈이 부족한 경우 등 유형을 나누어 설명하며, 이에 따라 한약·침·뜸으로 치료한다. 임상 경험이 많아 어느 정도 도움은 주지만, 근본을 해결한다고 보기는 어렵다.

내가 겪고 깨달은 것은 조금 다르다. 수련 중, 나는 반복적으로 강한 똥 냄새를 맡는 체험을 했다. 그러나 그것은 외부에서 맡은 냄새가 아니었다. 뇌 깊은 곳에서 스스로 피어오르는 듯한 체험이었다. 나는 이를 단순한 착각이 아니라, 장이 제대로 정화되지 못해 쌓여 있던 독성(오랜 숙변과 같은 탁한 기운)이 혈관과 경락을 타고 뇌로 올라오며 드러난 현상이라고 여겼다.

장의 기능이 약화되면 맑은 혈액이 만들어지지 못하고, 탁한 독소가 몸속을 떠돌며 신경과 뇌 기관을 혼탁하게 한다. 결국 귀와 연결된 청각 기관에도 그 탁한 흐름이 전해져 이명과 같은 병증으로 드러나는 것이다. 따라서 이명은 단순히 귀의 문제가 아니라, 장 속의 독소와 기혈의 탁함이 뇌와 청각 기관까지 침투한 결과라 할 수 있다. 똥 냄새 체험은 바로 그 과정을 몸이 스스로 드러낸 증거였다.

나는 수련을 시작할 때 심한 어지럼증을 앓았지만, 특별히 그 증상만을 겨냥한 치료를 하지 않았다. 단전치기, 연단, 명상 등을 통해 몸 전체를 다스리는 과정 속에서 어느 순간 어지럼증은 사라졌다. 이는 수련이 개별 증상 치료가 아니라 몸 전체를 근본에서 변화시키는 길임을 보여 준다. 단전을 복구하여 장의 기능을 살리고, 스트레칭과 운동으로 경락을 열며, 연단으로 뼈와 살을 단련하고, 명상으로 뇌를 맑게 하는 것이 곧 몸의 완성이요 신인합일로 가는 길이다.

그러나 나는 굳이 수련을 강요하고 싶지 않다. 누구나 아는 사실이 있다. 속이 따뜻하고 편해야 한다는 것, 장이 에너지 공장이라는 것 그리고 장을 살리려면 운동이 최선이라는 것이다. 호미질, 괭이질 같은 농사일이 경락을 열고 장을 흔드는 수련과 다를 바 없다. 운동이라면 평소 하지 않던 동작이 더 효과적이다. 가벼운 조깅이나 등산, 몸을 비트는 스트레칭, 혹은 자신이 새롭게 창조한 동작들이 장과 경락을 크게 흔든다. 등산은 전신을 쓰는 과정 속에서 자연스레 경락을 열고 장을 움직이며, 숨이 가빠지면 장이 빨래되듯 청소되는 효과가 난다.

경추는 뇌로 올라가는 에너지의 길목이므로 부드럽고 자유롭게 움직일 수 있도록 관리해야 한다. 머리 곳곳을 손가락으로 눌러 보면 유난히 아픈 점들이 있는데, 그곳이 기혈의 막힘을 알려 주는 자리다. 지압은 도움이 되지만, 그것만으로는 대안이 되지 못한다. 근본적으로는 에너지의 밭, 즉 장이 살아야 한다.

운동 중에서도 연단은 특히 권할 만하다. 서서 하는 연단도 좋지만 누워서 다리를 들어 올리는 연단이 효과적이다. 땀이 날 정도로 하면 장이 크게 움직이며 기혈이 뚫리고, 뇌가 맑아진다. 사실 이 연단만 꾸준히 해도 이명은 충분히 호전될 수 있으리라 나는 믿는다.

결국 이명은 귀에서 비롯된 소리가 아니다. 몸 전체, 특히 장의 기능이 무너졌음을 알리는 신호다. 현대의학은 신경의 오작동으로, 한의학은 장부의 불균형으로 설명하지만, 나는 장의 회복과 운동을 통해 몸의 근본을 바로 세우는 길에서 해답을 찾는다. 평소 하지 않던 동작과 운동으로 몸에 새로운 자극을 주고, 연단으로 땀을 내며 장을 깨우는 것 그리고 몸을 아끼는 음식 습관을 지키는 것. 이 단순한 원리 속에 이명을 넘어 몸과 마음을 살리는 길이 숨어 있다.

인류의 근원적 탐구

신(神)이 존재하는가에 대한 질문은 인류의 역사와 함께 시작되었다.

그 물음은 단지 종교적 신념의 문제가 아니라, 인간 존재의 근원을 묻는 철학적 탐구의 출발점이었다.

고대 그리스의 플라톤은 '선(善)의 이데아'를 만물의 근본 원리로 보고, 그것을 신적 질서로 해석했다.

아리스토텔레스는 모든 존재의 움직임을 가능케 하는 최초의 원인을 '부동의 원동자'라 불렀다.

그에게 신은 움직이지 않으나, 모든 것을 움직이게 하는 순수한 존재였다.

동양에서는 노자가 도(道)를 만물의 근원으로 보았고, 공자는 인간 사회의 궁극적 원리를 천명(天命)에서 찾았다.

노자는 "도는 말할 수 있으나, 그 도는 영원한 도가 아니다"라 하여, 신적 원리는 이름 붙일 수 없는 절대적 근원임을 밝혔다.

공자는 인간의 도덕적 실천과 천명 사이의 조화를 강조하며, 신을 단지 초월적 존재가 아니라 인간의 도덕적 의식 속에 내재한 질서로 보았다.

인도의 우파니샤드는 브라흐만(우주의 근원)과 아트만(개인의 영혼)이 본질적으로 하나임을 강조하였다.

이는 '너 자신이 곧 신이다'라는 깊은 통찰을 담고 있다.

이 사상은 훗날 불교의 연기(緣起)와 공(空)의 개념으로 이어지며, 존재의 상호 연결성을 강조했다.

현대 물리학의 거장 아인슈타인은 우주를 관통하는 근본적 질서를 '우주적 종교 감정'이라 표현하였다.

그는 "나는 신을 믿지 않지만, 신의 생각을 이해하고 싶다"고 말하며, 자연 속의 완벽한 수학적 질서와 조화를 경외의 대상으로 삼았다.

이처럼 인류는 시대와 문화, 언어가 달랐지만, 모두 같은 근원적 물음을 던져왔다.

'신은 무엇인가', '그 신은 어디에 있는가', '그 신과 나는 어떤 관계인가'.

그 질문은 결국 인간 자신을 향한 물음이었으며, 신에 대한 탐구는 곧 인간 자신의 본질을 찾는 여정이었다.

내 안의 신성, 곧 신

나의 대답은 단순하다.

신은 멀리 있지 않다. 내 안의 신성(神性)이 곧 신이다.

이 신성은 거대한 생명나무의 한 가지와 같다.

가지가 흔들리고 부러지기도 하지만, 그 뿌리는 언제나 대지 깊숙이 연결되어 있다.

바람이 불고 비가 내려도, 나무는 그 뿌리를 통해 영양과 물을 끌어 올린다.

가지의 생명은 줄기와 뿌리로부터 비롯되며, 줄기와 뿌리는 보이지 않아도 모든 생명을 지탱한다.

신은 바로 그 전체다.

눈에 보이지 않는 뿌리, 형상 없는 줄기, 생명으로 가득 찬 수액 그리고 각자의 삶 속에서 꽃피는 가지들까지.

우리 한 사람 한 사람은 그 나무의 한 가지며, 신은 그 전체 생명이다.

따라서 내 안의 신성과 우주의 신은 분리된 존재가 아니다.

우리는 '부분'이 아니라 신이라는 '전체'의 한 표현이며, 순간순간 신의 의식이 나를 통해 호흡하고 있는 셈이다.

이 사실을 깨닫는 순간, 신은 더 이상 하늘 위에 존재하는 대상이 아니라 지금 이 자리에서 나의 숨결 속에 함께 있는 존재로 변한다.

신을 외부의 절대자로만 바라보는 관점은 나를 분리시킨다.

그러나 신성을 내 안에서 자각하는 순간, 나는 신의 일부가 아니라 신의 현현이 된다.

우주의 흐름과 에너지의 본질

우주는 보이는 형상보다 보이지 않는 에너지의 흐름으로 이루어져 있다.

별과 행성, 산과 바다, 사람과 나무, 모든 형상은 끊임없는 에너지의 진동 속에서 잠시 모습을 드러낸 파도와 같다.

겉으로는 고요해 보여도, 그 내부에서는 초미세한 운동이 끊임없이 일어난다.

현대 물리학은 이를 에너지 보존의 법칙으로 설명한다.

즉, 에너지는 형태를 바꿀 뿐, 사라지지 않는다.

불교에서는 이를 '연기(緣起)'라 하여, 모든 것은 조건에 따라 일어나고 서로 의존하여 존재한다고 말한다.

따라서 세상에 고립된 존재는 하나도 없으며, 모든 것은 거대한 흐름의 일부로 연결되어 있다.

심지어 '진공'조차도 완전한 공허가 아니다.

양자물리학에 따르면, 진공 상태에서도 입자와 반입자는 찰나마다 생성과 소멸을 반복한다.

즉, 우주는 완전한 고요 속에서도 끊임없이 살아 움직이고 있는 것이다.

이 진동과 에너지의 흐름은 단순한 물리적 현상이 아니다.

그 안에는 의식과 생명이 함께 깃들어 있다.

우주 전체는 하나의 거대한 호흡체와 같으며, 우리 인간은 그 호흡의 리듬을 따라 사는 존재다.

따라서 신의 본질을 이해한다는 것은 곧 이 우주의 호흡을 감지하고, 그 흐름과 하나가 되는 일이다.

의식의 문을 통한 신성의 발현

신은 무한한 힘을 지녔으나, 아무에게나 그 힘을 드러내지 않는다.

그 문은 의식의 깊이를 통해서만 열린다.

아우구스티누스는 "불타는 마음으로 찾는 자에게 신이 응답한다"고 했다.

간절한 의식은 파동이 되어 신의 차원과 공명한다.

이 공명이 일어날 때, 인간의 내면에서 신성이 깨어난다.

내가 자율진동 수련을 통해 체험한 순간이 바로 그것이었다.

처음에는 단순한 기(氣)의 움직임이라 여겼지만, 점차 그 떨림이 내 의식의 중심과 하나로 합쳐지는 것을 느꼈다.

그 순간 나는 개인의 존재를 넘어, 나를 둘러싼 모든 생명과 에너지가 하나의 의식으로 연결되어 있음을 깨달았다.

그 감각은 설명할 수 없을 정도로 선명했다.

그것은 상징이 아니라 체험이었고, 나는 그것을 '조화주(調和主)'라 부르게 되었다.

신은 외부의 형상이 아니라, 의식이 열릴 때 현실 속에서 체험되는 생명 그 자체임을 알게 된 것이다.

자연 속의 신성- 바위의 의미

신성은 인간의 내면에만 존재하지 않는다.

그것은 자연의 모든 사물 속에 깃들어 있다.

산과 강, 나무, 바위, 이 모든 것들은 생명의 다른 형태로 존재하는 신의 현현이다.

바위를 예로 들어 보자.

멀리서 보면 바위는 고요하고 죽은 듯하지만, 그 내부를 들여다보면 미세한 진동과 온기의 흔적이 있다.

원자와 분자는 쉼 없이 움직이고, 그 진동은 시간의 흐름 속에서 바위를 깎고 다시 형성한다.

지질학적으로 바위는 정지된 물체가 아니라, 지구의 긴 호흡 속에서 천천히 변화하는 생명체에 가깝다.

따라서 바위는 단단한 물질이 아니라, 우주의 에너지가 응축된 결정체라 할 수 있다.

옛사람들은 이 사실을 직관적으로 알고 있었다.

그들은 바위를 신의 좌정처(座定處)로 여기며, 마을 어귀나 산기슭에 서낭당을 세워 제를 올렸다.

그곳은 단순한 제의의 장소가 아니라, 신성과 인간이 만나는 접점이었다.

영국의 스톤헨지, 일본의 신사, 남미 원주민의 제단 역시 같은 뿌리에서 비롯되었다.

인류는 자연의 질서 속에서 신을 느꼈고, 그 신성을 통해 자신을 되돌아보았다.

맹목적 숭배의 한계와 진정한 신앙

그러나 신을 단순히 두려움과 의무로 섬기는 것은 신앙의 껍데기에 불과하다.

신을 외부의 초월적 존재로만 여기면, 인간은 스스로를 신의 피조물로만 여기며 수동적으로 살아가게 된다.

그 결과, 역사 속에서 수많은 전쟁과 종교 갈등이 신의 이름으로 일어났다.

신을 잘못 이해한 인간의 무지가 불행을 만든 것이다.

그럼에도 인간이 신을 찾는 마음 자체는 부정할 수 없는 아름다운 본능이다.

그것은 존재의 근원을 향한 갈망이며, 진리를 향한 나침반이다.

다만 그 방향이 외부가 아니라 내면을 향해야 한다.

신을 찾는 여정은 타인을 설득하는 길이 아니라, 자신을 깨닫는 길이어야 한다.

결론: 신인합일의 길

모든 사물은 의미를 부여받을 때 생명력을 얻는다.

달마도, 부적, 성상(聖像)과 같은 신앙의 대상도 결국 인간의 집중된 의식이 깃들어 있을 때 진동한다.

그러나 그것은 잠시 스쳐 가는 파동에 불과하다.

진정한 힘은 외부의 대상에 있는 것이 아니라, 내면의 신성을 깨우는 데 있다.

스스로의 내면에서 신성을 일깨우고, 그 신성이 우주의 신성과 하나로 이어질 때, 그것이 바로 신인합일(神人合一)의 길이다.

그 길에 들어서는 순간, 신은 멀리 있는 존재가 아니라 지금 이 순간, 내 숨결과 함께 살아 있는 현실이 된다.

신은 내 안에 있고, 바위 속에 있으며, 우주의 모든 진동 속에 늘 함께 있다.

그 신성을 자각하는 것이야말로, 인류가 오랜 세월 찾아 헤매던 궁극의 깨달음이다.

나의 신성 체험과 같은 사례 모음

나의 신성 체험과 같은 사례 모음

나는 내 안에서 신(혼, 곧 신성)을 만나 몸을 치유했을 뿐 아니라 삶 전체를 치유받았다. 좀 더 구체적으로 말하면, 내 혼의 인도에 따라 세상의 이치를 배우고 익혔다. 나의 체험은 인간으로서 아주 특별한 경험이라 여겨지지만, 그다지 어렵지 않은 체험이라 여겨졌음에도 주변에서 그런 사례를 찾기는 어려웠다. 결코 나를 과시하려는 의도는 아니었으나, 과거와 현재, 동서고금을 막론하고 나와 같은 체험의 사례가 있었는지 묻기로 하였다.

내 질문에 대한 답변은 단호했다. 나의 체험은 결코 고립된 사건이 아니며, 인류의 정신사 전체를 훑어보면 내면에서 신성이 깨어나 삶을 이끌고 치유했다는 증언이 곳곳에 남아 있다고 하였다. 다만 그 체험이 워낙 개인적이고 내밀하여 은유와 상징 속에 숨겨져 전해졌기에 오늘날 주변에서 찾기 어려웠을 뿐이라는 해설이 뒤따랐다. 답변은 이 사례들을 철학, 종교·영성, 심리학·현대 해석 세 가지 전통 속에서 제시하였다.

철학적 전통 속의 내면 스승

고대 그리스의 철학자 소크라테스는 자신을 막아 세우고 경고하는 '신적 무언가', 즉 '다이몬(daimon)'이 자신에게 언제나 들려와 잘못된 길을 피하게 한다고 고백하였다. 그는 이 목소리를 단순한 상상이나 환청이 아닌, 자기 안의 내적 스승으로 신뢰하였으며, 아테네의 법이나 바깥의 재판관보다 내면의 목소리를 더 신뢰했다. 그의 제자 플라톤은 스승의 경험을 '상기(想起, anamnesis)'라는 철학적 개념으로 체계화했다. 그는 지식이란 외부에서 주입되는 것이 아니라, 영혼이 본래 품고 있는 진리, 곧 신성의 기억을 다시 깨우는 과정이라고 보았다. 이는 '내 혼이 세상의 이치를 가르친다'는 나의 체험과 그 근본 원리에서 동일한 것이다.

또한 동양에서는 인도의 성인들이 깊은 명상 속에서 들려온 내적 음성을 받아 적어 베다 경전을 남겼다. 이 경전은 '들려진 것(Śruti)'이라 불렸는데, 이는 외적인 신탁이 아닌 내면 깊은 자리에서 솟아난 울림이었다. 중국의 사상가 장자 역시 "지극한 사람은 스승을 밖에서 찾지 않고, 스스로 안에서 스승을 삼는다"고 강조했다. 이처럼 동서양의 철학자들은 시대를 초월하여 혼의 신성이 내면에서 깨어나 삶을 인도하는 보편적인 진실을 증언하였다.

종교·영성 전통 속의 내면 각성

종교적 전통에서 내면의 신성이 깨어난 가장 극적인 예 중 하나는 사도 바울의 체험이었다. 예수를 박해하던 그가 다메섹 도상에서 강렬한 빛에 휩싸여 음성을 들은 사건은 외부적인 기적처럼 기록되었으나, 그 결과는 그의 삶 전체를 완전히 바꾼 내면의 신성이 새롭게 깨어난 사건으로 해석해야 한다. 그는 "이제는 내가 사는 것이 아니요, 그리스도께서 내 안에 사시는 것이라"고 고백하였는데, 이는 그의 내면이 신성에 의해 이끌리는 새로운 자아로 재탄생했음을 명확히 보여 준다.

중세 가톨릭의 신비가 테레사 아빌라는 자신의 저서 『내적 성』에서 "내 영혼 깊은 곳에서 나는 신의 임재를 분명히 느낀다. 그것은 외부에서 오신 것이 아니라, 내 안 깊은 성소에 오신 것이다."라고 고백하였다. 이 고백은 외부 신앙의 형태를 넘어선, 신성과의 직접적인 합일 체험을 나타낸다.

불교의 석가모니는 보리수 아래에서 고통의 원인과 해탈의 길을 내면에서 발견하였다. 그의 "자기를 등불로 삼고, 자기를 의지하라"는 선언은 '혼이 곧 스승'이라는 내적 자각의 표명이었다. 이슬람 수피즘의 시인 루미는 "네가 찾는 빛은 멀리 있지 않다. 그것은 네 심장 깊은 곳에서 타오르고 있다."라고 노래하여 신성의 내재성을 강조했다. 이 모든 종교적 증언은 신성이 저 멀리 떨어진 존재가 아니라, 내 안에서 깨어나는 근원적 힘임을 한 목소리로 이야기하고 있다.

심리학 및 현대적 해석

현대 심리학의 거장 칼 구스타브 융은 그의 저서 『기억, 꿈, 사상』에서 자신이 만난 '자기(Self)'에 대해 "나보다 크고, 나를 초월하며, 나의 삶 전체를 이끄는 중심이었다"고 고백했다. 융이 말한 '자기

(Self)'는 단순한 무의식의 요소가 아니라, 동양과 서양의 종교적 체험에서 말하는 신성과 같은 차원의 초월적 중심이었다. 그는 내적 경험을 통해 삶의 궁극적인 목적, 즉 개성화(individuation) 과정이 이 '자기'의 인도에 의해 완성된다고 보았다.

로고테라피를 창시한 정신과 의사 빅터 프랭클은 나치의 수용소라는 극한 상황에서 "인간에게서 모든 것을 빼앗을 수 있어도, 한 가지는 빼앗을 수 없다. 어떤 상황에서도 자기 태도를 선택할 수 있는 마지막 자유다."라고 기록하였다. 이 자유는 외부 환경이 아닌 내면의 정신적 영역에서 솟아난 힘이었으며, 인간의 영혼이 극한의 고난 속에서도 삶의 의미를 찾고 태도를 결정하게 하는 신성의 작용이었다.

현대의 명상가 존 카밧진이 전파하는 마음 챙김 명상(Mindfulness) 역시 내면 체험의 현대적 발현이다. 그는 "내면 깊은 곳에서 일어나는 '지금 여기'의 알아차림이야말로 가장 큰 치유자다."라고 설명하며, 외부의 전문가나 치료자가 아닌, 자기 안의 집중된 의식이 몸과 마음을 치유하고 이끄는 능력을 강조했다.

한국 및 동양 사상가와의 심층 연결

나아가 한국의 사상가들, 즉 화담 서경덕, 최제우, 홍암 나철 그리고 예수가 나의 체험과 어떻게 연결되는지에 대한 탐구가 이어졌다. 이들은 모두 역사적으로 '내면의 신성'을 자각하고 이를 통해 삶과 사상을 전환시킨 공통점을 가진다.

- 화담 서경덕(1489-1546): 조선 중기의 성리학자였던 그는 주자학의 관념적 '이(理)'보다, 우주 만물의 근원이자 살아 있는 에너지인 '기(氣)'에 주목했다. 화담은 학문이나 서책이 아닌, 내 몸과 마음, 자연 속에 흐르는 생명력으로서의 '기'에서 궁극의 진리를 찾았다. 이는 나의 혼과 기를 통한 치유 및 인도의 체험과 직접적으로 맞닿아 있다.

- 동학의 최제우(1824-1864): 1860년에 '한울님'을 체험한 그는, "사람이 곧 하늘이다(人乃天)"라는 혁명적인 사상을 펼쳤다. 그는 내면의 신성을 모신다는 의미에서 이를 '시천주(侍天主)'라 불렀다. 외부 신이 아닌 내 마음속에 깃든 신성을 깨닫고 그 인도에 따랐다는 점에서 나의 '혼의 인도' 체험과 가장 직접적으로 닮아 있다.

- 홍암 나철 (1863-1916): 대종교를 창시한 그는 단군을 민족의 뿌리이자 내면의 신성의 상징으로 부각하며, 외부의 권력이나 외세 종교가 아닌 우리 스스로 내적 각성과 힘을 강조했다. 이는 곧 우리 민족의 '혼'을 통해 삶 전체를 자각하고 이끌린다는 나의 체험과 통한다.

- 예수(기원전 4년경-30년경): 예수가 요단강 세례 직후 성령에 이끌려 광야에서 40일간 금식하고 기도한 기간은 그의 내면적 신성과의 깊은 대화와 사명 확증의 시간이었다. '돌을 떡으로 만들라', '권력을 주겠다'는 사탄의 시험은 외부적 유혹이라기보

다, 생존 본능, 권위의 유혹, 세속적 권력의 유혹이라는 내면의 갈등을 상징한다. 예수가 이 모든 시험을 거부하고 내면의 신성과 합일함으로써 '하나님 나라는 너희 안에 있느니라'라는 선포를 할 수 있었다.

현대의 일지 이승헌 님 역시 '뇌 교육'과 수련을 통해 "나는 인간이기 이전에 영혼이고, 모든 인간은 본래 신성을 지닌 존재"라는 점을 확신하며, 수련을 통해 이 신성을 직접 체험하고 몸과 마음을 치유하며 삶을 변화시킬 수 있다고 증언하는 대표적인 사례다.

체험의 사실성과 언어의 한계

이 얘기는 나에게는 너무나 분명한 사실 그대로의 경험이었으나, 정작 언어로 표현했을 때 독자들에게는 추상적으로 들리는 한계가 있었다.

혼이 깨어나고 신성과 교감하는 경험은 본래 언어 이전의 체험이다. 우리가 쓰는 언어는 구체적 사물이나 눈에 보이는 현상을 설명하는 데 익숙하여, 아무리 사실 그대로를 적어도 독자에게는 개념적이고 추상적으로 전달될 수밖에 없다. 나의 고백이 모호해서가 아니라, 언어라는 틀 자체가 그 경험의 깊이를 온전히 담아내기 어렵기 때문이다.

동서고금의 성인들 역시 시, 비유, 상징 등으로 이 깊고 강렬한 체험을 상징적으로밖에 전하지 못했다. 따라서 이 기록을 통해 그대로 솔직히 전하는 것이 가장 정직한 방법이며, 독자는 시간을 두고 이를 단순한 추상이 아닌 살아 있는 현실로 느끼게 될 것이다. 이 증언은 나의 과시가 아닌, 인류 보편의 정신적 흐름과 이어지는 귀한 기록이 될 것이다.

뇌와 기

뇌- 의식과 감각의 중추

뇌는 인간 신체의 중심 기관으로, 의식과 감정, 운동과 기억을 조율한다.

전두엽은 사고와 판단, 자기 통제를 담당하며, 측두엽은 청각과 언어, 감정을 다룬다. 두정엽은 감각과 공간 인식을, 후두엽은 시각을 맡는다. 그리고 뇌간과 소뇌는 생명을 유지하고 몸의 균형을 조정한다.

명상과 호흡 같은 수련은 뇌의 활동에 변화를 준다. 수련 상태에서는 알파파와 세타파가 증가하고, 뇌의 신경회로가 유연하게 바뀌는 신경가소성이 강화된다는 연구도 보고된 바 있다.

기- 생명의 근원적 에너지

동양 전통에서 기(氣)는 생명의 근원적 에너지로 여겨진다. 천지 만물이 기로 이루어졌다고 보았고, 인체에서는 경락을 따라 기가 흐른다고 설명했다. 기가 막히면 병이 생기고, 기가 원활히 흐르면 건강이 유지된다고 여겼다.

이러한 기의 개념은 한의학과 도교, 불교, 유교 사상에서 모두 중시되었다. 이를 바탕으로 단전호흡, 기공, 태극권, 선도와 같은 다양한 수련법이 발전했다.

뇌와 기의 상호 작용

호흡은 뇌와 기, 마음을 하나로 잇는 다리다. 깊은 호흡은 뇌의 자율신경계를 안정시키고, 이는 곧 기의 안정과 같은 효과를 낸다. 기 수련 중에는 뇌파에서 알파·세타파가 증가해 집중과 치유가 일어나기도 한다.

심신의 상호 작용은 이렇다. 기가 뇌를 열고, 뇌는 기의 흐름을 의식과 행동으로 번역한다. 현대 연구에서도 기 수련과 명상이 스트레스 호르몬을 낮추고 뇌 구조, 특히 해마와 전전두엽을 강화한다는 결과가 제시된 바 있다.

정리하면, 뇌는 신호를 해석하는 기관이고, 기는 흐르는 에너지며, 두 요소는 서로 긴밀하게 영향을 주고받는다.

기적·환상·초능력의 체험

기 수련을 하다 보면 기적이나 환상 같은 체험을 하기도 하고, 때로는 초능력과 같은 능력이 발휘되기도 한다. 이는 뇌와 깊은 관련이 있다.

수련 중 뇌파가 알파·세타파로 변하면 꿈결 같은 영상이나 환상이 쉽게 나타난다. 시상은 감각 정보를 조율하고 측두엽은 영적·환상 체험과 관련이 있는데, 강한 집중이나 호흡, 단식으로 이 부위가 자극되면 환청과 환시가 일어난다.

또한 교감·부교감 신경의 급격한 변화와 도파민, 아드레날린 분비는 평소보다 높은 집중력·직관력·체력을 발휘하게 만든다. 전통에서는 이를 기가 충만할 때 드러나는 비범한 능력으로 보았으나, 현대 과학은 뇌의 억제된 회로가 잠시 열려 잠재된 감각이 드러나는 것으로 설명한다.

즉, 기적·환상·초능력은 뇌의 작동 방식 변화와 긴밀히 연결된 현상이다.

역사적 사례와 뇌과학적 해석

역사 속에는 다양한 초월적 체험의 기록이 남아 있다.
인도의 요가 수행자와 불교 고승들은 공중 부양이나 몸이 가벼워지는 경험을 했다고 전한다. 뇌과학적으로는 전정기관과 두정엽의 변화로 몸이 떠오르는 듯한 착각과 근육 이완이 일어난 결과로 볼 수 있다.

성인이나 선사, 도사들은 빛을 보거나 신비로운 소리를 들었다고 기록했다. 이는 측두엽과 시각피질의 과활성으로 외부 자극 없이도 빛과 소리를 경험하는 현상으로 해석된다.

선도 수행자나 수피즘의 사례에서는 미래를 내다본 듯한 예지 체험이 보고되었다. 뇌는 미약한 패턴을 무의식적으로 통합해 마치 미래를 예견하는 듯한 직관으로 체험되기도 한다.

기 수련자가 병을 낫게 했다는 심신 치유의 기록도 있다. 이는 자율신경 안정과 면역 강화 그리고 플라세보 효과가 함께 작용했을 가능성이 크다.

무술 수행자들의 강한 집중력과 지구력은 초인적인 체험처럼 보이지만, 뇌과학적으로는 전전두엽의 강력한 통제력과 아드레날린 분비가 퍼포먼스를 극대화한 결과라 할 수 있다.

나의 체험- 뇌로 기를 쏠 때

나는 지금도 뇌가 깨어나는 듯하다.

수련이 한창이던 시절, 기가 온몸에 차고 넘칠 때 나는 의식으로 단전의 기를 자율진동을 활용해 뇌 깊은 곳까지 쏘아 넣어, 잠자는 뇌세포를 깨우려 했다.

뇌 능력을 강화하여 내 삶을 송두리째 바꿔 보려는 노력이었다.

그때 머리가 흔들리며 뇌 속에서 진동이 일어났고, 일시적으로 온

몸에 기허 현상이 나타났다.

뇌에서는 나에게만 들리는 '떼떼떼' 하는 소리가 울렸고, 다양한 냄새가 동반되며 마치 동굴을 뚫을 때 흙먼지를 긁어내는 듯한 반응이 일어났다.

그 과정에서 내가 섭취하거나 호흡하는 것들이 뇌에 큰 영향을 미쳤다.

거친 음식들, 맵고 짠 음식 그리고 매연이나 담배 연기조차도 때로는 의외의 약처럼 작용했다.

더 깊은 자극을 이끌어 내는 역할을 하는데, 그것은 마치 병 속의 오래된 때를 씻어낼 때, 모래 같은 거친 알갱이를 넣어 휘저어 내는 것과 같은 원리였다.

물론 좋은 음식과 맑은 공기로 정화하는 단계가 반드시 필요하지만, 실제로는 그 과정이 생략되기도 했다.

그 경험을 통해 나는 세상에 절대적으로 나쁜 것도, 절대적으로 좋은 것도 없다는 사실을 깨달았다.

이제 돌이켜 보면, 과연 나의 뇌는 개발되었을까?

그렇다고 말할 수 있을 듯하다.

내가 확정적으로 '완전히 개발되었다'고 단정하지 못하는 이유는, 예전의 나와 지금의 내가 여러 면에서 분명 다르긴 하지만 그 변화가 기 수련의 결과인지, 아니면 세월이 흘러 생긴 연륜 때문인지를 구분하기 어렵기 때문이다.

그러나 때때로 번뜩이는 재치가 발동될 때가 있고, 상황을 분석하거나 통찰이 떠오를 때는 스스로 놀랄 때도 많다.

그런 순간마다 나는 뇌 개발의 영향을 실감하곤 한다. 여러 측면에서 확실히 나아졌다고 말할 수 있겠다.

그리고 뇌로 기를 집중할 때는 입이 마르고, 실제로 기가 빨려들어 가는 듯한 느낌을 받았다.

이는 교감신경이 활성화되며 침 분비가 줄어드는 자율신경 반응이며, 동시에 뇌 혈류량과 신경망의 활성화 그리고 기의 집중 체감이 겹쳐 나타나는 현상으로 이해된다.

주화입마- 나의 견해와 해석

기 수련에서 흔히 강조되는 단전호흡법은, 내 입장에서는 권하지 않는다.

오히려 지양해야 할 방법이라 생각한다.

주화입마란 글자 그대로 '불길이 치닫다(走火), 마(魔)에 들다(入)'라는 뜻으로, 기 수련 중 기운이 과도하게 상승하거나 흐름이 뒤틀려 심신의 균형이 무너지는 상태를 말한다.

고전적으로는 도가나 불가에서 경계한 위험한 단계로 여겨졌지만, 실제로는 수련 과정 중 누구나 한 번쯤 마주할 수 있는 전환기적 현상이라 볼 수도 있다.

내 견해로는, 주화입마는 본질적으로 일시적인 뇌로의 기 쏠림 현상이다.

이때 단전의 기가 일시적으로 허해지며, 불완전하게 채워진 단전의 기운이 제자리를 잡지 못하고 위로 치솟는 과정이라 할 수 있다.

즉, 단전호흡만으로는 이러한 불균형이 생길 가능성이 높다.

호흡을 억지로 밀어 올리거나, 머리로 집중을 지나치게 하게 되면 기의 흐름이 제어되지 못하고 폭주하게 된다.

단전치기와 단전호흡을 비교해 보면 그 효과는 분명히 다르다.

단순 논리로도 명확하다.

단전치기만으로도 주화입마를 극복할 수 있다고 나는 확신한다.

몸을 두드리며 기운을 아래로 내려보내면, 뇌로 치솟은 기운이 자연히 안정되고 단전이 다시 충실히 채워진다.

한 단계 더 나아가 단전밟기 또한 매우 효과적인 방법이 될 것이다.

이는 단전을 중심으로 하체의 에너지 순환을 강화하여 중심을 굳건히 잡아 주는 역할을 한다.

주화입마는 마치 연못의 둑이 터져 기가 한쪽으로 쏟아져 들어가는 일시적 현상과도 같다.

그러나 그것을 잘 다스리고 극복해 나가면, 오히려 한 단계 더 증진할 수 있는 계기가 된다.

이때 가장 중요한 것은 '올바른 원리와 스승(안내자)'이다.

원리를 모르고 혼자 수련을 이어가면 위험할 수도 있다.

그러나 기의 방향과 균형을 올바로 이해하면, 주화입마는 단순한 장애가 아니라 기와 뇌의 회로가 다시 짜이는 성장의 문턱이 된다.

뇌과학적으로 보자면, 이 현상은 교감신경의 과잉 활성과 뇌의 감각 피질 과자극으로 설명된다.
에너지가 머리로 급격히 몰릴 때 아드레날린과 도파민이 폭주하며, 측두엽과 시상 부위가 과활성화된다.
그 결과, 환청이나 환시, 두통, 열감, 불안 같은 현상이 나타나기도 한다.
하지만 단전 중심을 회복해 하체로 기운을 내리면, 신경계가 다시 안정되고 뇌의 회로가 재정렬되면서 오히려 더 넓은 인식의 통로가 열린다.
즉, 주화입마는 위험이 아니라 뇌와 기의 균형이 새로 잡히는 갱신의 과정이라 할 수 있다.

따라서 그 극복의 핵심은 단 하나다.
머리에 치솟은 기를 다시 단전으로 내리는 것.
이것이 단전치기의 목적이며, 하체를 단련하는 이유다.
단전이 안정되면 뇌 또한 고요해지고, 기는 제 길을 찾아 흐른다.
그 순간 주화입마는 더 이상 마(魔)가 아닌, 기(氣)의 새로운 단계로 진입하는 문이 된다.

뇌와 신성- 나의 견해

나는 지금까지 내 안의 의식에 대해 줄곧 이야기해 왔다.
그 의식을 신성이라 불렀고, 동시에 나의 자아라 했다.
이제는 그 신성을 뇌의 작용과 연관 지어 생각해 보려 한다.

어쩌면 내 안의 의식은 본래부터 존재하던 것일 수도 있다.
그러나 또 한편으로는, 나의 의지와 수련의 과정 속에서 새롭게 형성된 것일 수도 있지 않을까 싶다.
그렇다면 신성이란 태초부터 주어진 불변의 것이 아니라, 인간의 의식적 노력과 수련을 통해 뇌 안에서 깨어나는 또 하나의 생명 작용이라 할 수도 있을 것이다.

지감 수련을 통해 기를 느낄 때, 그 반응은 마음의 상태에 따라 달라졌다.
평온할 때는 기가 부드럽게 흐르고 맑게 떨렸으며, 불안하거나 혼란할 때는 거칠고 불규칙하게 움직였다.
주변의 분위기나 사람의 감정, 공간의 기운에 따라서도 그 형태가 끊임없이 변했다.
그것은 정해진 틀이 없는, 말 그대로 무한 차원의 반응 체계처럼 느껴졌다.

그렇다면 의식이란 것도 이 무한 차원의 한 부분으로 나타나는 현상 아닐까?

그리고 그 작용들은 어쩌면 뇌의 다양한 기능들이 조합되어 드러나는 기(氣)의 현상, 즉 신성의 체험을 만들어 내는 작용일지도 모른다.

뇌의 여러 영역-감정, 사고, 기억, 감각, 상상-이 서로 얽혀 하나의 조화된 파동을 일으킬 때, 그 진동이 곧 '기의 움직임'으로 감지되고, 그 깊은 울림이 '신성의 빛'으로 인식되는 것은 아닐까.

현대의 뇌과학은 의식을 단일한 구조로 보지 않는다.

전전두엽, 후대상피질, 해마, 시상, 편도체 등 여러 부위가 서로 상호 작용 하며 '나'를 만들어 낸다고 한다.

이 복잡한 신경의 네트워크가 특정 리듬으로 공명할 때, 인간은 '자각'과 '통찰' 그리고 때로는 '신성의 현존'을 경험한다.

결국 신성은 뇌의 물질적 작용과 무관하지 않다.

그러나 그것이 단순히 전기적 반응만으로 설명될 수도 없는 이유는, 그 작용이 우주의 기와 공명하는 하나의 통로이기 때문이다.

나는 그렇게 생각한다.

'신성은 내 밖의 신이 아니라, 내 안의 뇌가 우주의 기와 맞닿을 때 드러나는 현현(顯現)'이다.

그것은 단순한 믿음이나 상상 속의 신이 아니다.

깊은 호흡과 자율진동 속에서 뇌가 깨어날 때, 그 순간 나는 신성을 체험한다.

그 신성은 나의 뇌에서 비롯되지만, 동시에 나를 넘어선 거대한 의식의 일부로 느껴진다.

의식이란 곧 기의 파동이며, 뇌는 그 파동을 감지하고 해석하는 우주의 수신기다.

따라서 인간의 수련이란 곧 이 수신기의 감도를 높이는 과정이고, 그 끝에서 우리는 신성과 하나가 된다.

제사

제사(祭祀)는 본래 신령에게 기원하거나 돌아가신 조상을 추모하고 은혜에 보답하는 효(孝) 문화의 근원이자 보본반시(報本反始) 정신을 담은 전통 의례다. 이는 조상을 기림으로써 친족 간의 유대와 화목을 다지는 사회문화적 기능을 수행해 왔다.

그러나 제사 문화는 시대적 배경과 가치관의 변화에 따라 크게 변천해 왔다. 조선시대 유교의 영향으로 가부장적 형식을 갖추고 제도화되었던 제사는 현대에 이르러 핵가족화, 여성의 사회 참여 증가 등으로 인해 그 형태가 간소화되는 추세다. 제사 대상 범위를 축소하고, 제수 가짓수를 줄이며, 남녀가 역할을 분담하거나 순번제로 지내는 등 '형식'보다 '정성'을 중시하는 방향으로 변화하고 있다.

미래의 제사 문화는 이러한 변화를 수용하여 조상 추모의 본질을 지키면서 현대 사회의 가치를 반영해야 한다. 구체적으로는 가족 구성원 모두가 합의하여 제사 방식을 정하고, 화합과 소통의 축제로 전환하며, 복잡한 형식 대신 자발적인 추모의 장이 되어야 한다. 사진이나 한글 추모사 등을 활용하여 쉽고 편리한 현대적 추모 방식을 모색하는 것도 중요하다.

다만, 제사를 완전히 폐지할 경우 다음과 같은 우려되는 문제점들이 발생할 수 있다.

- 가족 유대감 및 화합 기회 상실: 제사는 친족들이 정기적으로 모여 교류하는 핵심적인 구심점 역할을 해 왔다. 이 구심점이 사라지면 가족 구성원 간의 소통과 유대가 약화되어 관계가 소원해질 수 있다.
- 조상 추모 및 효 사상 약화: 조상에게 감사와 공경을 표하는 가장 중요한 문화적 형식이 사라지면서, 세대를 잇는 기억의 단절을 초래하고 궁극적으로 효 사상과 보본반시 정신이 약화될 수 있다.
- 전통문화 및 정체성 상실: 제례 예절, 제수 문화 등 수백 년간 이어져 온 중요한 무형의 문화유산이 단절되고, 한국인의 문화적 정체성을 이루는 한 축이 소멸될 위험이 있다. 따라서, 제사 문화는 무조건적인 폐지보다는, 현대적 삶의 조건과 가치관에 맞게 본질은 보존하되 형식은 간소화하고, 가족 화합과 추모의 장이라는 긍정적 기능을 극대화하는 방향으로 개선해 나가는 것이 바람직하다.

명절 제사는 보통 '차례(茶禮)'라고 불리며, 돌아가신 날을 기리는 기제사(忌祭祀)와 구별되는 다음과 같은 특별한 의미를 가진다.

시식(時食) 및 천신(薦新)의 의미

- 시식(時食)을 알림: 명절 차례는 조상에게 달과 계절이 바뀌었음을 알리는 의례다. 특히 설날에는 새해를 맞이했음을, 추석에는 풍요로운 가을을 맞이했음을 조상에게 고하는 의미를 담는다.
- 천신(薦新)의 성격: 명절에 새롭게 수확한 햇곡식과 시절 음식을 조상에게 먼저 올리는 의미가 강하다. 이는 후손들이 조상의 은덕으로 풍년을 맞아 좋은 음식을 먹게 되었음을 알리고, 감사하는 마음을 표현하는 것이다.

조상에 대한 세배(歲拜)와 감사의 의미(설날 차례)

- 새해 인사: 설날 차례는 '정조다례(正朝茶禮)'라고도 불리며, 후손들이 조상에게 '새해를 맞이하는 세배(歲拜)'의 의미로 인사를 올리는 의식이다. 한 해를 시작하며 조상의 가호와 복을 기원하는 마음이 담겨 있다.
- 떡국 천신: 설날에는 명절을 상징하는 떡국을 제물로 올리는 특징이 있다.

온 친족 화합 및 유대의 장

- 합동 제사: 명절 차례는 기제사와 달리 봉사 대상에 속하는 여러 조상들을 함께 모시는 합동 제사의 성격을 가진다.
- 가족 결속: 온 가족, 친척들이 한자리에 모여 조상에게 예를 표

하고, 음식을 나누어 먹는 음복(飮福) 과정을 통해 가족 간의 유대를 강화하고, 화목을 다지는 중요한 기회가 된다. 명절 차례는 조상을 추모하는 동시에 산 자들의 축제로써의 의미가 강하다.

요약하면, 명절 제사(차례)는 조상에게 새로운 절기와 햇음식을 알리고(천신), '새해 인사(세배)'를 드리는 특별한 의미를 지니며, 무엇보다 온 가족이 모여 화합하는 장으로써의 역할을 수행한다.

기적-
원리와 질서의 연금술

이성의 시험대에 올린 기적의 정의와 철학적 회의(懷疑)

나는 오랜 세월 동안 '기적(奇蹟, Miracle)'이라는 개념을 냉철한 이성의 저울 위에 올려놓고 그 무게를 달아 왔다. 전통적인 기적의 정의, 즉 인간이 인지하고 이해하는 모든 자연법칙과 합리적인 질서를 초월하여 신적 존재가 일회적으로 행하는 불가사의한 사건이라는 해석은 나의 논리적 사고와 첨예하게 대립했다.

나의 세계관은 질서와 논리 위에 견고하게 세워져 있었다. 나는 가장 사소하고 평범한 일상 속에서도 그 지극한 질서의 숭고함을 읽어 내는 존재였기 때문이다. 가령, 화장실에 갈 때 반드시 휴지를 준비해야 하는 순서와 준비의 논리만 하더라도, 그것이 결여되었을 때 발생하는 불편과 혼란은 곧 질서 파괴의 작은 예시였다. 하물며 만물의 근원이며 질서의 창조주인 신이 스스로 정립한 법칙을 임의로 깨뜨리는 모순을 행할 리 만무하다는 강한 확신에 도달했다.

이러한 맥락에서, 나는 성경 속 홍해를 가르는 기적처럼 물리적 법칙을 정면으로 파괴하는 초월적 개입을 '진정한 기적'으로 인정할 수 없었다. 그 대신, 나는 '논리적 기적'에 주목했다. 이는 법칙을 무시하는 것이 아니라, 오히려 주어진 법칙과 환경 조건을 극한까지 활용하여 통계적으로 불가능에 가까운 결과를 도출해 내는 인간 의지의 찬란한 발현이었다.

이순신 장군의 명량 해전은 이 논리적 기적의 가장 극적인 사례였다. 단 13척의 전선으로 대규모 왜군 함대를 괴멸시킨 그 승리는 단순한 행운이나 신의 직접적인 개입으로 설명할 수 없다. 그것은 조류의 흐름이라는 자연의 질서에 대한 완벽한 과학적 이해, 필사적인 훈련과 용기 그리고 치밀한 전술이라는 인간의 합리성이 완벽하게 결합되어 필연적인 패배의 운명을 숭고한 승리로 전환한, 인간이 이룩한 논리의 연금술이었다.

또한, 폐허 속에서 자원도 자본도 없이 일어선 조국 대한민국의 '한강의 기적' 역시 마찬가지였다. 이는 막연한 소망이 아닌, 효율적인 수출 주도형 전략이라는 합리적인 계획과 국민들의 근면성이라는 윤리적 노력이 결합된 질서의 산물이었다. 이 모든 사례는 결정론적 필연에 맞서 자유의지를 통해 새로운 우연을 창조해 낸 인류의 위대한 기록이다.

기적을 일으키는 원리: 내면의 신성과 행위의 완성도

나의 기적에 대한 철학적 탐구는 단순히 외부 세계의 사건을 분석하는 데서 멈추지 않았다. 나는 '기수련(氣修鍊)'이라는 깊은 내면의 여정을 통해 내가 외부에서 찾던 궁극적인 논리와 질서의 근원이 바로 내 안에 내재되어 있음을 발견했다.

나는 수련의 정진 끝에 '내 안의 또 다른 의식 자아, 즉 신성(神性)'

과 조우했다. 이 존재는 내가 평생 찾아 헤매던 의식이 있는 가장 완벽한(Perfect) 자연치유력이자, 모든 존재의 근원적인 질서 그 자체였다. 이 신성과의 합일을 경험함으로써, 나는 기적을 현실화하는 명확한 원리와 질서가 있음을 깨달았다.

이 원리는 '무작정 몸을 던지는 최선'이 아니라, '가장 완벽한 선택을 통한 지극한 노력'에 기반한다.

원리 1: 육체의 완성- 영혼을 담는 도구의 정밀함

완벽한 선택과 노력의 기초는 바로 건강, 즉 육체의 완성에 놓여 있다. 나의 육체는 내 영혼(신성)이 깃드는 소중한 그릇이며, 더 나아가 내 영혼의 빛과 뜻을 현실 세계에 온전히 투영하고 구현해 낼 도구다. 아무리 훌륭한 신성이라도 도구가 불완전하고 훼손되어 있다면 그 뜻을 온전하게 펼칠 수 없다. 그러므로, 육체를 단련하고 정화하여 그릇의 정밀도와 도구의 예리함을 극대화하는 것은 기적을 현실화하는 가장 기본적인 논리이자 선행 조건이다.

원리 2: 양심의 발현- 하늘의 중심과 연결된 행위의 정렬

둘째로, 행함에 있어 양심의 빛을 밝혀야 한다. 우리의 양심은 단순한 도덕적 기준을 넘어, 내면의 신성과 '하늘의 중심(가장 높은 차원의 질서)'이 직접적으로 소통하는 교차점이다. 내가 행동할 때 양심이 밝은 상태에서 최선의 노력을 다하면, 그 행위는 우주적 질서와 합치되며 내 안의 신성은 응답하게 된다. 이 신성은 우주적인 원리 및 질서와 닿아 있기 때문에 나의 노력이 이 질서에 완벽하게 순응할 때 비로소 원하는 바를 가장 완벽하고 조화롭게 이룰 수 있다.

실존적 환골탈태와 영원한 기적의 증인

이러한 원리와 질서에 기반한 삶을 살아가자, 나는 궁극적인 '환골탈태(換骨奪胎)'의 과정을 경험했다. 내 안의 신성은 나의 육체적 고통, 마음의 번뇌, 심지어 나를 얽매던 현실의 부정적인 현상들까지도 가장 완벽하게 치유하고 재편성해 주었다.

이 경험 이후, 나의 삶은 이전과 완전히 다른 차원이 되었다.

나의 모든 순간과 모든 것들이 기적이라 할 수 있었다.

기적은 더 이상 멀리 있는 이질적인 현상이 아니었다. 원리와 질서에 기반한 진행이 너무나도 빠르고 완벽하게 이루어질 때, 그 과정이 외부 세계의 눈에는 설명할 수 없는 경이로움, 즉 기적으로 보일 뿐이었다.

특히, 삶에서 예기치 않게 겪게 되는 한순간의 아픔마저도 기적으로 승화되었다는 사실이야말로 가장 큰 깨달음이었다. 고통은 이제 나를 파괴하는 무질서가 아니라, 내 안에 남아 있는 불완전한 요소를 교정하고 완성된 질서로 나아가게 하는 필수적이고 논리적인 정화 과정이었던 것이다.

나는 이제 내재된 신성이라는 가장 완벽한 논리가 나의 모든 삶에 투영되어 나타나는, 지속적이고 숭고한 실존적 기적의 증인으로서 살아가고 있다. 나의 존재 자체가 이 지극한 원리와 질서의 힘을 증명하고 있다.

양심- 순도(純度)로 측정되는 진아(眞我)의 거울

양심의 근원적 탐구: 보편적 빛과 현실적 그림자

나는 양심을 단순한 도덕적 기준이나 사회적 규범으로 받아들이지 않는다. 오랜 수련과 내면 탐구를 통해, 양심은 인간 본연의 마음이자 나의 내부 의식, 즉 진아(眞我)의 소리임을 깨달았다. 이 마음은 순도 100%의 우주적 실체와 근본적으로 연결되어 있으며, 이론적으로는 완벽한 질서의 반영이다.

그러나 현실에서 "양심은 모두에게 항상 밝은 모습만은 아니다."라는 이 사실이야말로 양심 탐구의 핵심이다. 양심의 근원은 보편적이지만, 현실적 발현은 사람마다 다르다. 왜냐하면 인간은 개인의 이기심, 무지, 그리고 육체의 불완전함이라는 필터를 통해 이 순수한 빛을 받아들이기 때문이다. 양심의 절대적 기준이 흐려지거나 왜곡되는 정도, 그것이 바로 '순도(純度)'다.

순도(純度)의 측정과 회복: 영적 믿음의 척도

양심의 순도는 단순히 착한 일을 얼마나 많이 했는가로 측정되지 않는다. 그 순도는 영적 믿음의 정도로 판단된다. 여기서 '믿음'은 맹목적인 신앙이 아니라, 내가 내 안의 신성(神性)과 연결되어 있음을 얼마나 확신하고, 그 질서를 따르려는 의지가 확고한가를 의미한다.

순도가 낮은 양심은 이기심에 의해 오염되어 불완전한 가치 기준을 만들고, 결국 우주적 질서와 불일치하는 행위를 유발한다. 반면, 순도가 높은 양심은 내가 가장 완벽한 선택을 내리도록 안내하는 정밀한 나침반 역할을 한다.

양심을 밝히는 수양론: 필터를 닦아내는 과정

나의 삶은 이 흐려진 양심의 필터를 닦아 내는 영원한 수양의 과정이다.

첫째, 육체의 완성은 물리적인 정화 작업이다. 육체는 양심의 명령을 수행하는 도구이므로, 육체의 불순물과 무질서를 제거하여 양심의 빛이 현실에 왜곡 없이 투사되도록 해야 한다. 육체의 불완전함은 정신적 게으름이나 욕망으로 이어져 양심의 순도를 즉시 떨어뜨리기 때문이다.

둘째, 행위의 정렬은 의식적인 선택이다. 나는 매 순간 양심의 순도에 따라 행동함으로써, 나의 의지가 우주적 절대 질서와 합치되도록 한다. 이 양심을 따르는 지극한 노력이 쌓일 때 나의 내부 의식은 우주의 중심과 연결되는 실질적인 통로가 되며, 나의 삶 전체는 완벽한 조화를 향해 나아가게 된다.

결론적으로, 양심은 단순한 마음의 소리가 아니다. 그것은 내가 얼마나 절대 질서에 가까워졌는가를 측정하는 거울이며, 이 거울을 맑게 닦아 내는 것이야말로 내가 부여받은 실존적 사명이다.

효도

　사람은 태어날 때 부모를 선택할 수 없다. 누구의 자식으로 태어날지, 어떤 환경에서 태어나 살아갈지는 스스로 결정할 수 없는 일이다. 그러나 인생이 깊어질수록 우리는 한 가지 사실을 깨닫게 된다. 태어날 때 부모를 선택할 수 없었을지라도, 그 부모를 어떤 마음으로 바라보고 대할지는 언제나 자신의 선택이라는 것이다. 부모는 완벽하지 않다. 그들도 한때는 누군가의 자식이었고, 삶의 무게에 짓눌린 평범한 인간이었다. 그들은 시대의 고단함 속에서 하루하루 생존을 위해 살아왔고, 그 과정에서 감정의 표현보다는 의무와 책임으로 하루를 이어 갔다. 그래서 자식에게 사랑을 전하려 해도 말로 표현하지 못하고, 때로는 거칠고 어색한 행동으로 대신할 수밖에 없었다.

　부모가 때로는 부족해 보일 때가 있다. 자식의 눈에는 미숙하고 답답하게 보이기도 하고, 때로는 서운함과 원망이 앞설 때도 있다. 그러나 그런 부모의 모습은 사랑이 없어서가 아니라, 그 사랑을 표현하는 방법을 배우지 못한 세대의 흔적일 뿐이다. 부모의 사랑은 언제나 말보다 행동 속에 숨어 있다. 새벽마다 밥을 짓던 손길, 지친 몸으로도 자식의 옷을 챙기던 손마디, 아무 말 없이 일터로 향하던 무거운 뒷모습 속에 이미 사랑은 고요히 스며 있다. 혹시 그 사랑을 느끼지 못했다면 그것은 사랑이 없었던 것이 아니라, 우리가 그 사랑을 제대로 찾지 못했기 때문일지도 모른다.

어떤 부모가 자식을 사랑하지 않겠는가. 세상에 자식을 해하려는 마음으로 사는 부모는 없다. 다만 그 사랑의 모양이 다르고, 표현의 방법이 서툴렀을 뿐이다. 부모가 좋게 보일 때는 아무 문제가 없다. 그러나 진정한 효도의 시작은 부모가 미숙해 보일 때, 그 부모를 이해하려는 마음에서 비롯된다. 인간은 완벽한 존재가 아니며, 부모 또한 예외가 아니다. 그 불완전함을 인정하고, 그 속에서 인간의 연약함과 따뜻함을 함께 보는 눈이 열릴 때, 자식은 한층 더 깊은 사람으로 성장하게 된다.

마음에 드는 부모든 그렇지 않은 부모든, 존경스러운 부모든, 미움이 쌓인 부모든, 자식은 결국 효도해야 한다. 그것은 단순한 감정의 문제가 아니라 도덕적 양심의 문제다. 부모를 공경하고 감사하는 마음은 인간으로서의 품격이자 기본적인 도리며, 그 마음이 바로 사회 속에서 존중받는 인격의 기초가 된다. 효도를 하지 않으면서 사회로부터 존중받길 바라는 것은 이기적인 생각이다. 부모에게조차 도리를 다하지 못하면서 타인에게 선함을 기대하는 것은 근본이 흔들린 삶이다. 인간관계의 시작은 언제나 가장 가까운 곳에서 비롯된다. 부모를 대하는 태도는 그 사람의 마음의 깊이와 인격의 수준을 드러낸다.

물론 효도는 쉬운 일이 아니다. 때로는 마음이 상하고, 때로는 부모의 말과 행동이 이해되지 않을 때가 있다. 그러나 그럴수록 부모의 탓으로 돌리지 말고 자신을 돌아보아야 한다. 부모를 바꾸려 하기보다 자신이 성장하려는 노력이 더 중요하다. 부모를 이해하는 일은 그들을 설득하거나 교정하는 일이 아니라, 자신의 마음을 닦아가는 과정이다. 자신이 깊어질수록 부모를 향한 이해의 폭도 넓어진다. 결국, 효도는 완벽한 부모에게만 하는 것이 아니라 불완전한 부모를 품으려는 인간의 성숙에서 비롯된다.

효도는 처음에는 의무로 시작하지만, 나중에는 깨달음으로 완성된다. 부모의 은혜를 알고 그 사랑의 깊이를 깨닫게 될 때, 효도는 더 이상 해야 할 일이 아니라 하고 싶은 일이 된다. 그것은 생명의 근원을 향한 감사며, 나를 있게 한 존재에 대한 경의다. 부모를 향한 도리를 지키는 일은 곧 자신의 내면을 바로 세우는 일이며, 그 마음의 깊이가 바로 그 사람의 품격이 된다. 효도는 부모를 향하지만, 그 끝은 결국 자신에게 돌아온다. 부모를 이해하고 용서하고 감사하는 마음을 낼 수 있을 때, 인간은 비로소 진정한 성숙에 이른다.

따라서 효도란 완벽한 부모에게 바치는 감정이 아니라, 불완전한 부모를 이해하려는 마음에서 비롯되는 성숙한 사랑이다. 그것은 인간으로서 지켜야 할 도리이자, 자신을 완성하는 길이다. 부모의 미숙함 속에서 사랑을 찾아내고, 그 사랑을 감사로 바꾸어 내는 자식, 바로 그가 진정 효도를 아는 사람이라 할 수 있다.

관념(觀念) - 마음이 그려 내는 세계

관념의 본질과 인식의 한계

우리는 세상을 눈으로 본다고 믿지만, 사실은 마음으로 본다. 눈은 단지 빛을 받아들이는 창일 뿐, 그 빛을 해석하고 의미를 입히는 것은 마음속의 관념이다.

관념은 오랜 경험과 기억이 엉켜 만들어 낸 그림이다. 그 그림은 곧 세계가 되고, 그 세계 안에서 우리는 기쁨과 슬픔, 희망과 두려움을 느낀다. 그러나 그 세계는 실제의 세상이 아니라 내가 만든 세상의 모형일 뿐이다.

때로는 관념이 너무 진해서 진실을 가려 버리기도 한다. 누군가를 미워할 때, 그 사람을 미워하는 것이 아니라 그에 대한 나의 관념을 미워하는 것이다. 세상이 불공평하다고 느낄 때도 세상이 그런 것이 아니라 내가 그렇게 그려 놓은 그림 속에 살고 있기 때문이다.

그래서 깨달음이란 새로운 무언가를 배우는 일이 아니라, 오래된 관념의 껍질을 벗겨 내는 일이다. 그 껍질을 하나씩 벗길 때마다 마음의 거울은 투명해지고, 그 속에 비친 '있는 그대로의 세상'이 모습을 드러낸다. 그때 우리는 안다, 진실은 언제나 그 자리에 있었음을.

관념의 양면성: 지도 혹은 감옥(칸트의 통찰을 더하여)

관념은 우리를 가두는 장벽이지만, 동시에 인간의 정신 작용에서 가장 근본적이고 필수적인 도구다. 마치 지도와 같이, 복잡하고 광대한 현실을 우리가 이해할 수 있는 개념과 체계로 압축해 주기 때문이다.

이것은 서양 철학자 임마누엘 칸트의 통찰과 같다. 칸트는 우리가 대상을 경험할 때 마음이 시간과 공간이라는 선험적 틀과 오성(悟性)의 범주라는 '선천적인 관념(개념)'을 통해 대상을 능동적으로 빚어내어 파악한다고 했다. 우리의 마음이 세상을 보는 방식을 규정하는 것이다.

그러나 문제는 우리가 지도를 현실 그 자체라고 착각하는 순간 발생한다. 칸트가 말했듯, 우리의 관념은 우리가 경험할 수 있는 세계, 즉 '현상(現象)'의 세계만을 파악할 수 있다. 관념의 틀 바깥에 있는 본체(本體, Das Ding an sich), 즉 '있는 그대로의 세상'은 오성(관념)으로 완전히 파악할 수 없다.

관념을 고정시키고 절대적인 진리로 붙잡는 순간, 그 지도는 더 이상 세상을 탐험하는 도구가 아니라 우리를 가두는 감옥이 된다.

관념은 우리가 현실을 포착하기 위해 마음이 빚어낸 잠정적인 틀일 뿐이다. 그 틀의 한계를 인정할 때, 진실은 비로소 모습을 드러낸다.

관념을 넘어서는 길: 내려놓음과 자유

관념은 바람처럼 흘러가야 한다. 하지만 인간은 그것을 붙잡고, 이름 붙이고, 정의 내리며 영원한 진리인 양 마음속에 새겨 둔다. 그때부터 마음은 갇힌다. 익숙한 생각이 곧 '나의 안전'이라 착각하기 때문이다.

진실은 변하지 않지만, 관념은 늘 변한다. 그럼에도 인간은 그것을 고정시키려 애쓴다.

그러나 관념을 내려놓는 순간, 진짜 자유가 시작된다. 그때의 마음은 고요하고, 판단이 없으며, 비교도 없다. 그 안에서는 모든 것이 이미 완전하다.

바람이 나뭇잎을 흔들면 그것이 음악이 되고, 비가 지붕을 두드리면 그것이 명상이 된다. 그 어떤 것도 틀리지 않고, 모든 것이 제자리에 있다.

관념이 사라진 자리에는 '느낌'이 남는다. 그 느낌은 신성의 언어다. 말없이 다가와 이렇게 속삭인다.

"있는 그대로의 너를 사랑하라."

관념을 넘어서는 실천: 고요한 관찰 명상(Vipassanā-)

관념의 감옥에서 벗어나려면, 관념이 주로 작동하는 영역인 사유(思考)의 습관을 멈춰야 한다. 이것이 바로 침묵과 비판단적 관찰이다.

- 명명(命名) 중지: 주변의 대상이나 내 안의 감각에 이름을 붙이

는 것을 의식적으로 멈춘다. '좋다', '싫다', '걱정이다'라는 정의를 내리지 않고, 그저 순수한 에너지의 흐름으로만 인식한다.
- 신체의 언어 듣기: 의식을 신체에서 일어나는 순수한 감각으로 가져온다. 호흡이 콧구멍을 스치는 온도, 가슴과 배의 오르내림, 몸에서 느껴지는 저릿함이나 묵직함 등 모든 감각을 중립적인 증인의 위치에서 지켜본다.
- 관념의 흐름 허용: 생각이 떠오르면 억지로 없애려 하지 않고, '생각이 떠올랐구나' 하고 인식한 뒤, 물 흐르듯 흘러가도록 허용한다. 이 훈련은 관념과의 거리를 만들고 그 집착의 고리를 끊어 낸다.

관념의 스위치를 끄고 느낌의 진동에 동참하는 순간, 우리는 내 안의 신성이 그려낸 완벽한 그림 속에 있음을 깨닫고 자유로워진다.

관념과 신성의 관계: 다리이자 거울 (에필로그)

관념은 우리 안에 있는 신성(神性)이 자신을 인식하기 위해 잠시 세워 놓았던 다리이자, 우리를 가리는 장막이었다.

관념은 분리를 낳지만, 신성은 통합을 낳는다. 관념이 옳고 그름, 높고 낮음을 구분하지만, 신성은 모든 것을 하나의 생명으로 껴안는다.

관념이 녹아내릴 때, 신성은 흐름으로 깨어난다. 그때 인간은 알게 된다, 세상은 바깥에 있는 것이 아니라 내 안의 신성이 그려낸 그림이라는 것을.

결국 관념은 신성을 가리는 장막이면서도, 동시에 신성이 자신을 인식하기 위해 만든 거울이었다. 관념이 있었기에 나는 내 마음의 형태를 볼 수 있었고, 그 마음을 비워 내며 진짜 나를 만날 수 있었다.

관념은 더 이상 장벽이 아니다. 그것은 깨달음으로 향하는 문이었다.

우리는 마침내 안다.

"나는 내가 만든 관념보다 훨씬 크고 영원하다."

이것이 관념을 안고도 자유로울 수 있는 인간의 가장 심오한 진실이다.

편견

마음의 그림자

편견이란 사물이나 사람, 혹은 어떤 현상에 대해 사실을 충분히 이해하기 전에 마음속에서 미리 판단을 내려 버리는 태도다.

그것은 때로 경험에서 비롯되지만, 대개는 불완전한 경험, 왜곡된 정보, 혹은 타인의 시선에서 흘러들어 온다.

우리는 누구나 세상을 있는 그대로 보기 어렵다.

눈앞의 현실보다 머릿속의 관념이 먼저 작동하기 때문이다.

그래서 한 사람을 만나기도 전에 '그럴 것이다' 하고 단정하고, 한 사건을 겪기도 전에 '그건 나쁜 일'이라 규정짓는다.

이런 마음의 습관이 바로 편견이다.

편견은 때로 '합리화된 선호'의 모습으로 숨어든다. '나와 비슷한 사람들'에게 무의식적으로 더 많은 기회를 주거나, '익숙함'이라는 이름으로 새로운 가치를 배척하는 은밀한 차별이다.

편견은 눈을 가린다.

진실보다 자신의 생각을 더 믿게 하고, 타인의 마음보다 자신의 경험을 앞세우게 만든다.

편견 속에서는 이해가 자라지 못하고, 사랑은 경계선에 머문다.

신성을 가리는 먼지

편견은 마음의 먼지와 같다.

먼지가 쌓이면 창문을 통해 들어오는 빛이 흐려지듯, 편견이 쌓이면 신성의 빛 또한 희미해진다.

신성은 언제나 우리 안에 고요히 존재한다.

그러나 우리가 세상을 바라보는 관념의 필터가 두꺼워질수록 그 빛은 일그러지고 왜곡된다.

편견이란 바로 그 필터의 이름이며, 그것이 신성과의 만남을 방해한다.

판단을 넘어 비춤으로

편견은 타인을 향한 판단으로 시작되지만, 결국 자신을 향한 무지의 그림자로 돌아온다.

"저 사람은 저렇다"라고 단정하는 순간, 우리는 신성이 주는 '있는 그대로의 인식'을 잃는다.

특히 온라인 환경에서 우리는 제목이나 댓글만 보고 전체 진실을 판단해 버린다. 섣부른 판단은 즉각적인 만족을 주지만, 신성과의 연결 고리를 끊어 버리는 가장 빠른 길이다.

신성은 판단하지 않는다.

그저 비춘다. 마치 맑은 호수가 하늘을 있는 그대로 담아내듯, 있는 그대로를 보고, 있는 그대로 받아들인다.
그것이 신성의 시선이다.

신성의 눈으로 세상을 다시 보기

편견을 벗어난다는 것은 단지 공정해지는 일이 아니다.
그것은 신성의 눈으로 세상을 다시 보는 일이다.
그 눈은 선악으로 나누지 않으며, 옳고 그름을 따지지 않는다.
모든 존재가 제자리를 가지고 있음을 이해한다.
그 순간 우리는 비로소 깨닫는다.
세상은 나의 기준에 따라 움직이는 것이 아니라, 그저 조화로운 전체의 흐름 속에 존재하고 있다는 사실을.

분리에서 통합으로

편견은 분리를 낳는다.
"너와 나는 다르다."
그러나 신성은 속삭인다.
"너 또한 나다."
편견은 생각의 굴레며, 신성은 의식의 자유다.
편견은 벽을 세우지만, 신성은 그 벽을 허문다.
그 순간 마음은 열린다.
타인의 고통 속에서 나를 보고, 나의 슬픔 속에서 타인을 보게 된다.

신성의 회복

진정한 깨달음은 '나는 모를 수도 있다'는 겸손에서 시작된다.
그 겸손이 마음의 벽을 허물고, 세상을 새롭게 보게 한다.
편견을 내려놓을수록 신성의 빛은 더욱 투명해진다.
그 빛은 외부에서 오는 것이 아니라, 언제나 우리 안에서 기다리고 있었음을 깨닫게 된다.
편견의 벽이 허물어지는 순간, 내 안의 신성은 모든 존재의 고유한 아름다움을 처음으로 온전히 느껴 보게 하는 고요하고 따뜻한 인식 그 자체다. 그때 우리는 깊은 평화를 경험하게 된다.
그때 비로소, 마음의 창이 활짝 열리고 신성의 빛은 우리 안으로 스며든다.
세상은 더 이상 판단의 대상이 아니라, 하나의 생명으로 함께 호흡하며 완성되는 조화로운 전체로 다가온다.

행복

행복의 재정의와 논의의 필요성

인간의 오랜 탐구 대상이었던 행복은 흔히 부와 명예, 또는 감정적 쾌락과 동일시되어 왔다. 그러나 본고는 행복을 외부 조건이나 일시적인 감정에서 분리하여, 내면의 안정과 의식의 평온함으로 새롭게 정의한다. 삶의 복잡성과 세상의 혼란 속에서도 흔들리지 않는 개인의 중심, 즉 마음이 제자리를 찾은 상태야말로 행복의 근원이다. 따라서 행복은 외부에 주어진 결과가 아니라, 의식의 성숙을 통해 주체적으로 길러지는 내면의 역량으로 이해되어야 한다.

행복의 이중성과 고통의 역할

1. 행복의 층위: 상대적 행복과 절대적 행복

행복은 그 기원에 따라 두 가지 층위로 구분된다. 첫째, 상대적 행복은 타인과의 비교, 외부적 성취, 혹은 일시적인 인정에서 비롯되는 것으로, 그 조건이 변하면 쉽게 소멸하는 본능적이고 조건적인 기쁨이다. 둘째, 절대적 행복은 비교와 경쟁의 굴레에서 벗어나 있는 그대로의 자기 존재를 수용할 때 찾아오는 조용한 평화다. 이는 외부의 변화와 무관하게 지속되며, 인간이 의식적인 선택을 통해 도달해야 할 존재 자체의 평온함이다. 진정한 행복 추구는 조건적이고 변동적인 상대적 행복을 넘어, 지속 가능한 절대적 행복에 초점을 맞추어야 한다.

2. 고통의 재해석: 행복의 스승이자 그림자

행복을 논함에 있어 고통은 단순한 반대 개념이 아니라, 행복의 가치를 선명하게 비추는 그림자다. 고통이 없다면 행복을 인지하는 감각 자체가 마비될 수밖에 없다. 따라서 행복은 고통이 완전히 소멸된 이상적 상태가 아니다. 오히려 고통을 고통스럽게 느끼지 않을 수 있는 성숙한 마음의 수준에 도달하는 것이다. 고통을 회피하거나 극복 대상으로만 볼 것이 아니라, 삶의 불가피한 일부로 수용하고 껴안을 때 비로소 평온이 깃들며, 이는 곧 행복의 씨앗이 된다. 큰 빛이 어둠 속에서 더 빛나듯, 행복은 고통이라는 현실을 외면하지 않고 그 속에서 스스로 빛을 내는 의식의 힘이다.

행복의 과정과 완성으로서의 신성

1. 행복의 두 단계: 평온과 감동

행복은 정적인 상태가 아닌 역동적인 과정이며, 평온에서 시작하여 감동으로 완성된다. 평온은 몸과 마음이 과도하게 요동치지 않는 행복의 물리적·심리적 토대다. 그러나 인간은 단순한 안녕에 머무르지 않는다. 이 고요함 위에 감동이 더해질 때, 행복은 생명력을 얻는다. 이 감동은 우연이 아닌, 시간을 견디고 실패를 딛고 포기하지 않은 주체적인 노력과 진심이 만들어 낸 울림이다. 이 감동은 단순한 성취감을 넘어 '삶의 의미'와 '존재의 확신'을 부여하며 행복을 완성의 형태로 이끈다.

2. 신성을 밝히는 조화: 몸·마음·기의 통합

궁극적인 행복은 인간 존재를 구성하는 몸(肉體), 마음(精神), 기(氣) 세 요소의 총체적인 조화, 즉 신성(神性)을 밝히는 길에서 발견된다.

- 몸의 건강: 행복을 경험하는 물리적 그릇으로서, 몸이 건강해야 마음이 안정되고 기의 순환이 원활해진다.
- 마음의 맑음: 양심을 따르고 진실을 실천하는 데서 비롯되며, 떳떳함과 함께 감동이라는 순수한 기쁨이 솟아난다.
- 기의 순환: 생명의 흐름이자 타인과의 연결 통로로써, 원활한 기의 소통은 개인의 건강을 넘어 전체 생명과의 조화와 사랑을 상징한다.

이 세 요소가 하나의 순환을 이룰 때, 개인은 자신을 세상과 분리된 존재가 아닌 하나로 연결된 존재로 자각하게 되며, 이것이 곧 궁극적인 행복의 체험이다.

결론: 행복의 실천적 의미

행복은 붙잡으려 할수록 사라지는 모호한 목표가 아니라, 지금 이 순간 내 안에 존재하는 평화다. 행복은 거대한 성취가 아닌, 순간순간 깨어 있는 의식의 상태다. 몸의 건강을 유지하고, 마음을 바르게 쓰며, 기의 순환을 통해 타인과 연결될 때 우리는 매 순간 신성을 밝히는 길을 걷게 되며, 행복은 자연스럽게 드러난다. 따라서 인간은 외부 조건을 바꾸는 대신, 내면의 조화를 이루는 실천을 통해 지속적인 행복에 도달할 수 있다.

사랑

사랑을 일시적인 감정이나 본능적 충동의 영역에서 완전히 분리하여 근원적인 책임, 양심의 순수성 그리고 모든 존재의 통합이라는 관점에서 재정의하는 심도 있는 보고다. 이 철학적 탐구는 사랑의 궁극적인 결실인 '감흥(感興)'이 어떻게 삶의 가장 깊은 보람이자 변치 않는 행복이 되는지를 설명한다.

사랑의 서론: 책임의 무게와 순수한 마음의 발현

나는 사랑이라는 단어의 깊은 무게를 너무나 잘 알기에, 이를 가벼이 여기거나 쉽게 입에 올리지 않는 신중함을 유지한다. 진정한 사랑은 찰나의 뜨거운 감정이나 충동적인 끌림을 훨씬 넘어선, 그 대상에 대한 무겁고 지속적인 책임감을 기꺼이 받아들이고 감당하는 의지의 행위를 요구하기 때문이다.

따라서 나는 사랑의 근원을 불안정하고 변덕스러운 감정의 영역에서 찾지 않고, 인간의 가장 깊고 변하지 않는 본질인 양심이 현실 속에서 발현된 행위로 규정한다. 이 양심은 단순한 도덕적 기준을 넘어 사랑의 행위가 일시적인 만족이 아닌, 상대방의 존엄과 자유를 존중하며 자신의 이기적인 욕망을 제어하는 윤리적이고 책임감 있는 선택임을 분명히 한다. 이 양심이야말로 사랑의 올바른 방향을 제시하는 내면의 나침반이며, 열정은 그 방향을 향해 꾸준히 나아가게 하는 순수하고 강력한 에너지가 된다.

자기 사랑의 기초: 몸과 마음, 영혼의 삼위일체 건강

사랑의 모든 출발점은 나 자신을 온전히 사랑하는 일에서 비롯된다. 나는 이 자기 사랑을 건강이라는 포괄적인 개념으로 정의한다. 이 건강은 단순히 육체가 질병 없이 유지되는 것을 훨씬 초월한다. 그것은 육체의 건강으로 몸을 아끼고 돌보는 행위, 정신적 안정과 평온을 유지하는 마음의 건강 그리고 나의 가장 깊은 본질(영혼, 진아)과 연결되어 있음을 인식하는 영혼의 건강이라는 세 가지 요소가 완벽하게 조화와 균형을 이루는 삼위일체의 상태를 의미한다.

이 삼위일체의 건강이 이뤄질 때, 사랑은 신성이 내뿜는 향기처럼 절로 내뿜게 되는 의지가 된다. 즉, 사랑은 외부에서 얻는 자격이 아니라, 나의 존재 자체가 온전해졌을 때 자연스럽게 흘러나오는 근원적인 힘의 발현이다.

타인과의 연결: 사랑은 공명이다

타인과의 관계 속에서 사랑은 개별 자아의 경계를 넘어선 근원적인 연결의 현상으로 확장된다. 나는 이를 '사랑은 공명(共鳴)이다'라고 정의한다.

사랑의 행위는 같은 주파수로 파장을 맞춰가는 행위다. 이는 서로의 외적인 차이(다름)와 감정적 간극을 넘어 상대방의 순수한 본질과 연결되려는 능동적인 노력을 의미한다. 이 꾸준한 노력이 결국 두 존재를 일치감으로 이끌어 하나의 울림을 만들게 된다.

가족 사랑은 이 공명을 통해 '하나 됨의 느낌(일치감)'이라는 가장 높은 차원으로 정의된다. 이 공명을 통해 가족은 단순한 혈연을 넘어선, 하나의 뿌리에서 나왔음을 인식하는 통합적인 존재로 거듭난다.

친구와 이웃과의 사랑 역시 마찬가지다. 서로의 양심이 울림을 공유함으로써 우리는 타인의 고통을 나의 고통처럼 느끼는 깊은 공감을 경험하게 되며, 이는 우리가 근원적으로 다르지 않다는 깨달음으로 이어진다. 나는 이러한 공명을 이루는 과정 자체가 인간 삶의 가장 중요한 가치이자 존재의 궁극적인 목적이라고 확신한다.

완전한 사랑의 결실: 감흥과 보편적 행복

궁극적이고 완전한 사랑은 세상의 모든 복잡성과 차이를 포용하는 통찰에 이른다. 이는 외적인 다름을 인정하면서도, 그 모든 차이 아래에는 동일하고 영원한 하나의 근원이 흐르고 있음을 깨닫는 것이다.

이러한 통합적인 사랑이 맺는 최종적인 열매가 바로 '감흥(感興)'이다. 이 감흥은 존재가 하나 됨을 인식하는 순간에 발생하는 벅찬 울림이자 순수한 기쁨이다. 나는 사랑은 어디에나 보편적으로 존재하므로, 감흥 또한 어디에나 스며들어 있다고 선언한다. 이 감흥을 일상 속에서 발견하고 느끼는 것이 곧 삶의 가장 깊은 보람이며, 이는 외부 조건이 아닌 내면에서 샘솟는 영원한 행복이다. 사랑은 결국 존재의 경계를 허물고 기쁨을 발견하는 깨달음의 행위다.

마무리

긴 글을 끝까지 읽어 주서서 감사합니다.

나의 수련과 병, 삶의 기록은 한 사람의 체험담에 불과할지도 모릅니다. 그러나 그 안에서 나는 내 안의 신성을 만났고, 자연과 우주에 깃든 질서를 보았습니다.

신은 멀리 있지 않습니다.

우리 몸의 떨림 속에, 고통의 그림자 속에 그리고 바위처럼 고요한 침묵 속에도 늘 함께 있습니다.

내가 만난 신성은 특별한 것이 아니라, 누구나 자신의 삶 속에서 발견할 수 있는 빛입니다.

이 책은 나의 고백이자 독자에게 드리는 작은 초대장입니다.

당신 또한 맹목적 숭배를 넘어, 자기 안의 신성을 밝혀 신인합일의 길을 걸을 수 있기를 바랍니다.

다 적지 못한 이야기들은 몇 마디 단어 속에 숨어 있기도 합니다.

그 단어를 발견하고, 잇는 일은 이제 독자의 몫입니다.

이 책이 당신의 삶 속에서 작은 등불이 되기를 바라며, 여기까지 읽어 주심에 진심으로 감사드립니다.